Isra Jawdat Batayneh

A Política Externa dos EUA no Médio Oriente: Uma Análise NeoGramsciana

Isra Jawdat Batayneh

A Política Externa dos EUA no Médio Oriente: Uma Análise NeoGramsciana

ScienciaScripts

Imprint
Any brand names and product names mentioned in this book are subject to trademark, brand or patent protection and are trademarks or registered trademarks of their respective holders. The use of brand names, product names, common names, trade names, product descriptions etc. even without a particular marking in this work is in no way to be construed to mean that such names may be regarded as unrestricted in respect of trademark and brand protection legislation and could thus be used by anyone.

Cover image: www.ingimage.com

This book is a translation from the original published under ISBN 978-3-659-90173-7.

Publisher:
Sciencia Scripts
is a trademark of
Dodo Books Indian Ocean Ltd. and OmniScriptum S.R.L publishing group

120 High Road, East Finchley, London, N2 9ED, United Kingdom
Str. Armeneasca 28/1, office 1, Chisinau MD-2012, Republic of Moldova, Europe
Managing Directors: Ieva Konstantinova, Victoria Ursu
info@omniscriptum.com

Printed at: see last page
ISBN: 978-620-8-63241-0

Índice

Introdução

Não seria irracional afirmar que o século XX foi a era da hegemonia dos EUA. Esse é especialmente o caso da segunda metade do século até hoje. Como era de se esperar, isso também influenciou a maneira como a disciplina de Relações Internacionais buscou explicar a política internacional. A função dos EUA no sistema internacional tem dominado a literatura nas últimas décadas, em uma tentativa de entender o impacto da política externa dos EUA na ordem política internacional. A análise mais dominante da função dos EUA foi, sem dúvida, fornecida pela perspectiva realista, especialmente seu ramo da teoria da estabilidade hegemônica (HST).

O argumento básico da HST é que, para um sistema internacional estável, deve haver uma potência dominante, um hegemon. Essa única potência dominante deve possuir um enorme poder econômico e material, maior do que qualquer outro país, para poder atuar como estabilizador. De acordo com essa abordagem, o hegemon é visto como benigno, pois proporciona estabilidade e segurança para que outros se beneficiem e prosperem sob sua liderança, ao mesmo tempo em que sacrifica seus interesses de curto prazo em prol da estabilidade do sistema.

Essa abordagem dominante da HST foi desafiada pela teoria neogramsciana, introduzida na década de 1970 por Robert Cox com base nos escritos de Antonio Gramsci sobre o conceito de hegemonia e ideologia. De acordo com o entendimento neogramsciano das relações internacionais, o hegemon é basicamente as forças sociais dominantes que controlam os meios de produção em nível global, não apenas em nível estadual. Essas forças tentam manter seu domínio dominante por meio do consentimento, e não da coerção. O consentimento é obtido por meio da construção de uma ideologia e de sua disseminação como uma forma de "senso comum". Dessa forma, a classe dominante legitima seu domínio entre a classe dominada.

Com base no exposto, fica claro que a abordagem neogramsciana oferece uma análise mais crítica do que a HST. Ela tenta desafiar as limitações da análise da

HST ao incluir as inter-relações das forças dominantes e sua ideologia como uma variável analítica principal. O principal motivo para a escolha da abordagem neogramsciana é desafiar o argumento amplamente aceito da HST de que a hegemonia dos EUA e seu papel no sistema internacional são necessários e são para o benefício daqueles que fazem parte do sistema, e não para a busca de interesses pessoais das elites.

O principal objetivo desta dissertação é analisar a política externa dos EUA em relação ao Oriente Médio desde a ascensão do primeiro à hegemonia. O motivo da escolha do Oriente Médio como foco da análise desta dissertação deve-se à sua importância para os interesses materiais da classe hegemônica dominante. Portanto, o caso do Oriente Médio pode ser considerado ideal para entender como a ideologia hegemônica das elites foi aplicada, e ainda é, para salvaguardar esses interesses.

O primeiro capítulo apresenta a estrutura teórica na qual se baseia a análise empírica da dissertação. Em primeiro lugar, ele discutirá as principais suposições defendidas pela teoria dominante do realismo e sua abordagem variante, a HST, que trata especialmente do papel do hegemon. Em seguida, apresenta uma avaliação crítica da HST e de seus argumentos. Por fim, o capítulo conclui examinando a compreensão neo-gramsciana da hegemonia e o papel das forças sociais dominantes na manutenção da ordem hegemônica.

O segundo capítulo tenta inserir as teorias no contexto histórico da relação hegemônica dos EUA com o Oriente Médio. Ele começa explicando como os EUA chegaram ao poder e estabeleceram sua posição hegemônica após a Segunda Guerra Mundial. Em seguida, explica as razões subjacentes ao interesse dos EUA no Oriente Médio.

Por fim, durante toda a história da relação dos EUA com o Oriente Médio, o foco principal de sua política externa foi, e ainda é, baseado na mesma ideologia. Por esse motivo, o terceiro capítulo examinará a maneira pela qual a ideologia hegemônica usada para justificar a política externa dos EUA no Oriente Médio não consegue mostrar como o papel dos EUA como hegemon é, em vez disso, orientado pelos interesses da classe dominante. Entretanto, embora essa ideologia seja consistente, ela tem se manifestado de maneiras diferentes, dependendo do que foi considerado a principal ameaça ao domínio dos EUA como hegemonia "benigna". Isso ficou evidente na maneira como os EUA escolheram justificar sua intervenção em três casos diferentes: durante a paranoia anticomunista da Guerra Fria, a missão de democratização pós-Guerra Fria e a "Guerra ao Terror" pós-11 de setembro. A política externa dos EUA em relação ao Oriente Médio após a mudança significativa que ocorreu desde a Revolução Árabe em 2011 está fora do escopo desta tese e, portanto, não será examinada.

Esta dissertação argumentará que não foi tanto a ideologia, mas sim os interesses das forças econômicas e políticas dominantes que moldaram a política externa dos EUA no Oriente Médio.

Capítulo 1: Estrutura teórica

Introdução

A tradição realista tem sido a abordagem mais dominante no campo das Relações Internacionais. Ela exerceu uma grande influência, e ainda exerce, entre acadêmicos, políticos e diplomatas. Na literatura de Relações Internacionais, o estudo da hegemonia tem sido dominado pela teoria realista da Teoria da Estabilidade Hegemônica (HST), que justifica o comportamento da potência hegemônica como uma necessidade para a estabilidade do sistema internacional e como mutuamente benéfico para as grandes potências e outros estados dentro do sistema internacional. Portanto, essa perspectiva é amplamente aceita e promovida pelas grandes potências, como os Estados Unidos, e por muitos acadêmicos dos Estados Unidos e seus aliados. Com o surgimento da abordagem crítica das principais teorias, a abordagem neogramsciana foi intimamente associada ao conceito de hegemonia, pois forneceu um entendimento diferente do realista.

O objetivo deste capítulo é discutir o conceito de hegemonia a partir das diferentes perspectivas teóricas das Relações Internacionais. Na primeira parte, o foco é a perspectiva realista e os principais argumentos apresentados por essa abordagem. Em seguida, examina a noção de hegemonia conforme argumentada por HST. Na parte seguinte, discute as limitações da análise realista da hegemonia e, posteriormente, expande a análise com o uso da abordagem neogramsciana das relações internacionais e da hegemonia como teoria crítica. Ele oferece uma análise crítica da perspectiva hegemônica realista por meio da análise do conceito gramsciano de hegemonia, do papel das forças sociais e do Estado e da noção de consentimento e liderança para explicar o domínio da ordem dominante. Por fim, o capítulo tenta estabelecer a base teórica para analisar e entender o papel hegemônico dos EUA, principalmente no Oriente Médio, avaliando a abordagem realista e gramsciana da hegemonia.

Realismo

O realismo, ou *realismo político,* tem sido a teoria mais dominante no campo das relações internacionais e tem exercido grande influência não apenas sobre pensadores acadêmicos, mas também sobre políticos e diplomatas. Os argumentos e as orientações realistas foram amplamente promovidos pela sociedade política ocidental, principalmente após o início da Segunda Guerra Mundial e durante a Guerra Fria. De fato, ela ainda é considerada uma abordagem muito importante no estudo das Relações Internacionais e tem grande influência na política internacional atual (Elman, 2007, p. 11; Donnelly, 2000, p. 1; Jackson & Sprensen, 2012, p. 43). Com sua política de equilíbrio de poder, a teoria realista ganhou importância por oferecer uma análise mais poderosa e respostas mais relevantes sobre a competição de segurança e a guerra entre as grandes potências do que as outras perspectivas teóricas (Mearsheimer, 2002, p. 23).

A tradição realista é, na verdade, uma das teorias mais antigas, que pode ser rastreada até os tempos antigos dos gregos com o trabalho do historiador ateniense Tucídides (c. 460-400 a.C.) em sua *História da Guerra do Peloponeso,* em que ele se concentra nas relações de poder entre Esparta e Atenas durante a guerra. O realismo também pode ser relacionado a Nicolau Maquiavel (1469-1527) e seus argumentos sobre poder e segurança como o principal objetivo da humanidade e dos Estados, bem como ao filósofo político inglês Thomas Hobbes (1588-1679) com sua noção do estado de anarquia, em que a ausência de uma autoridade superior permite que Estados e indivíduos se envolvam em conflitos constantes (Elman, 2007, p. 11; Donnelly, 2000, p. 13). Assim, esses três pensadores, Tucídides, Hobbes e Maquiavel, entre outros, são considerados os fundadores do pensamento político realista. Todos eles tiveram um grande impacto na criação do paradigma realista contemporâneo e nas teorias de Relações Internacionais que dominaram as esferas políticas e acadêmicas por muitas décadas.

A abordagem realista é melhor descrita como - usando a metáfora de Colin Elman

- "uma grande tenda, com espaço para várias teorias diferentes" (Elman, citado em Donnelly, 2000, p. 6). O realismo inclui várias abordagens em que cada uma fornece conclusões e previsões diferentes sobre os assuntos internacionais. No entanto, a maioria dos teóricos proeminentes que representam os vários pensamentos realistas, como E. H. Carr; Hans J. Morgenthau; Kenneth Waltz; John J. Mearsheimer; Stephen Walt; Robert Gilpin; Stephen Krasner e Robert Keohane, incluindo os realistas históricos, compartilham as pressuposições centrais da tradição realista. Todos os diferentes ramos e abordagens realistas estão centrados nos conceitos de anarquia, conflito e guerra entre Estados com interesses próprios, em que cada um defende seus interesses nacionais e garante a sobrevivência do Estado por meio da maximização de seu próprio poder e segurança em relação a outros Estados.

Os realistas compartilham a premissa de que o sistema internacional está em um estado de anarquia, o que significa que não há autoridade superior ou governo que regulamente as interações dos Estados. Com base nessa premissa, os realistas argumentam que o sistema internacional sempre estará em um estado de luta constante e de competição não regulamentada entre os Estados. Portanto, a sobrevivência do Estado é a força central por trás da política em um sistema internacional anárquico. Os Estados, para os realistas, são os atores mais importantes na política mundial, onde argumentam que a principal preocupação de cada Estado é maximizar sua própria segurança e poder, e agir em busca de seus próprios interesses nacionais para sobreviver (Gilpin, 1987, p. 31; Elman, 2007, pp. 12-19; Jackson & Sprensen, 2012, p. 66; Donnelly, 2000, pp. 7-8, Donnelly, 2005, pp. 31-32). O realismo é, portanto, considerado uma abordagem centrada no Estado, que fornece fortes argumentos e justificativas em favor da busca dos interesses do Estado e da maximização de suas capacidades militares para a sobrevivência. Por esse motivo, o realismo foi promovido por muitos acadêmicos e políticos das grandes potências, como os Estados Unidos e a sociedade política ocidental em geral, e dominou os debates sobre políticas e a análise política por muitas décadas.

Teoria da Estabilidade Hegemônica (HST)

Uma das principais teorias desenvolvidas a partir da tradição realista é a Teoria da Estabilidade Hegemônica. Com base na perspectiva realista do sistema político internacional, a HST também enfatiza o estado anárquico do sistema internacional. De acordo com a HST, para estabilizar esse sistema internacional anárquico e sem lei, deve haver uma liderança forte e poderosa, ou um hegemon, que seja capaz de estabelecer e aplicar a lei e as normas internacionais, trazer ordem e garantir o equilíbrio de poderes entre as nações e manter as regras essenciais que regem as relações interestaduais (Gilpin, 1987, p. 88). A teoria, portanto, afirma que, para que o sistema internacional se estabilize e funcione adequadamente, "é preciso haver um estabilizador, um estabilizador", que é o hegemon (Kindleberger, 1973, p. 305). Os defensores da teoria da estabilidade hegemônica, como Charles P. Kindleberger, Robert Gilpin, Stephen Krasner e Robert Keohane, defendem o domínio de um único Estado hegemônico como uma necessidade para a estabilidade e a sustentabilidade do sistema internacional. Eles afirmam que o sistema mundial sofrerá se o hegemon cair, ou mesmo no caso da inexistência de um hegemon, porque as leis internacionais não podem ser aplicadas voluntariamente, o comércio ficará mais lento e o sistema financeiro entrará em colapso.

De acordo com essa teoria, exemplos históricos de hegemonias mundiais são a Grã-Bretanha no século XIX e os Estados Unidos após a Segunda Guerra Mundial, com um grande foco em como as mudanças no status do Estado líder afetam a estabilidade mundial (Keohane, 1984, pp. 35-36). Por exemplo, os poderes hegemônicos da Grã-Bretanha foram associados ao seu papel no estabelecimento de um sistema de mercado aberto para o comércio e os movimentos de capital, o surgimento de corporações multinacionais e a estabilidade geral da situação política e econômica, pelo menos na Europa (Gilpin, 1981, pp. 144-145; Milner, 1998, p. 114). Entretanto, a queda da hegemonia britânica após a Primeira Guerra

Mundial pôs fim à estabilidade que ela havia promovido e resultou em uma política protecionista crescente com a formação de blocos regionais e uma diminuição nas transações econômicas na década de 1920 e no início da década de 1930, levando à Grande Depressão (Milner, 1998, p. 114).

Kindleberger indica em seu livro *The World in Depression, 19291939* (1973/1986), que a grande depressão da década de 1930 foi "tão ampla, tão profunda e tão longa" devido à falta de uma liderança *capaz* e *disposta* a estabilizar o sistema econômico internacional naquela época. Ele se refere à *incapacidade* do poder hegemônico britânico em declínio e à *falta de vontade* do poder emergente dos Estados Unidos (Kindleberger, 1973, pp. 291-292; Gilpin, 2001, p. 98).

O foco principal da teoria é, portanto, o domínio do hegemon sobre as grandes potências rivais e outros Estados, em termos de suas capacidades materiais. O hegemon, como Keohane o define em seu livro *After Hegemony,* deve ser um Estado poderoso com uma "preponderância de recursos materiais" (2005, p. 32). Isso significa a supremacia do Estado líder em termos de poder econômico mais do que qualquer outro país, bem como em termos de poder tecnológico e militar para ajudar o hegemon a impor as regras do sistema internacional e protegê-lo de quaisquer tentativas de adversários hostis de desestabilizá-lo (Keohane, 2005, pp. 33-34, 39; Ikenberry, 1989, p. 378; Hasenclever, et al., 1997, p. 84).

Como estabilizador do sistema internacional, o hegemon tenta promover a cooperação internacional entre os Estados para evitar a competição egoísta e os conflitos que podem levar a resultados devastadores, como a grande depressão da década de 1930 (Gilpin, 2001, p. 95). Para Gilpin, um hegemon "controla ou domina os Estados menores do sistema", regulando assim as regras e normas que regem as relações interestaduais e unindo-as em um único sistema internacional de cooperação (Gilpin, 1981, p. 29). Portanto, a HST é uma teoria que afirma que essa cooperação é desejada entre todos os países com base no pressuposto de que todos se beneficiariam de uma ordem econômica estável e desfrutariam dos bens coletivos fornecidos pelo hegemon (Kindleberger, 1973, p. 299; Webb & Krasner, 1989, p. 184).

A preponderância do poder detido pelo hegemon permite que ele estabeleça as regras do sistema internacional, onde incentiva a cooperação por meio da oferta de incentivos aos Estados que cumprem as regras, como acordos comerciais, pagamentos paralelos (subornos) e o privilégio de ter acesso aos mercados de outros Estados.

Entretanto, para que o hegemon garanta sua posição de liderança e impeça que qualquer Estado dentro do sistema manipule e burle suas regras, ou mesmo desafie seus poderes, ele exerce seu poder. Isso é feito por meio da aplicação de sanções ou outros meios "não coercitivos", conforme alegado, para levar os Estados relutantes a obedecer às regras da ordem internacional (Gilpin, 2001, pp. 97-98; Hasenclever, et al., 1997, p. 91).

Dessa forma, a teoria indica que o hegemon é basicamente benigno, pois fornece voluntariamente bens públicos para o sistema ao empregar suas próprias capacidades para manter a segurança do regime internacional e promover a cooperação. A liderança hegemônica oferece um ambiente menos restrito e seguro para o comércio de bens, serviços e capital entre os Estados em um sistema de mercado aberto (Gill & Law, 1988, p. 45). A teoria ainda argumenta que o hegemon realmente sacrifica seus interesses nacionais de curto prazo em prol dos interesses do sistema internacional e de sua estabilidade (Ikenberry, 1989, p. 379). Assim, o hegemon é visto como um líder esclarecido que busca a paz e a cooperação dentro do sistema internacional (Gilpin, 2001, p. 99; Hasenclever, et al., 1997, p. 90).

Como parte da tradição realista dominante, a teoria da estabilidade hegemônica também está entre as abordagens mais poderosas no estudo das relações internacionais. A teoria teve grande influência nas esferas acadêmica e política por muitas décadas ao explicar a operação bem-sucedida do sistema sob o domínio do hegemon e o fracasso da cooperação internacional no caso da queda ou ausência do hegemon. Assim, a teoria promove o domínio de uma única nação para ser a potência mundial ou hegemon. Ela indica que é necessário ter um hegemon para a estabilidade do sistema internacional. O hegemon não é visto apenas como uma necessidade, mas também como uma ordem mutuamente benéfica para todas as grandes potências e importantes atores estatais do sistema. Portanto, a ausência de um hegemon está associada à desordem no sistema internacional, levando a resultados devastadores para os Estados individuais. A teoria afirma a ação benevolente do hegemon como protetor do sistema e provedor de bens públicos, mesmo que tenha de sacrificar alguns de seus interesses de curto prazo para que o sistema internacional permaneça estável.

No entanto, com a disseminação e o domínio dessa teoria, ela também foi alvo de muitas críticas, especialmente durante a década de 1970, com debates sobre o declínio do poder hegemônico dos Estados Unidos e o fim da ordem do pós-guerra. Desde então, surgiram críticas significativas à teoria, questionando seus argumentos e pressupostos básicos.

Uma crítica à teoria realista da estabilidade hegemônica

Uma revisão da literatura revela que a análise da teoria da estabilidade hegemônica tem se baseado em uma perspectiva limitada, principalmente uma visão centrada no Estado, ignorando assim outros fatores dentro do sistema internacional. Por exemplo, Susan Strange argumenta em seu artigo *The Persistent Myth of Lost Hegemony* (1987) que o argumento realista se baseia em uma perspectiva "anglo-americana", na qual enfatiza o ato "benevolente" da hegemonia dos Estados Unidos. Ao fazer isso, ele ignora os aspectos de interesse próprio das forças dominantes dentro dos Estados Unidos, que exploram seu status poderoso para manter seu domínio e expandir seus interesses (Strange, 1987, p. 553; Cafruny, 1990, p. 99).

Até mesmo a ideia central da teoria, no que diz respeito à necessidade de um hegemon para a estabilidade e a cooperação no sistema internacional, tem sido alvo de críticas. Nem todos os defensores da teoria da estabilidade hegemônica afirmam que a desordem seguirá a queda do hegemon. Por exemplo, Keohane argumenta que, embora a hegemonia seja uma condição necessária para a estabilidade e a cooperação, o declínio da hegemonia não significa o colapso da ordem internacional criada pelo hegemon. Ele argumenta que a hegemonia "é menos importante para a continuação da cooperação, uma vez iniciada, do que para sua criação" (Keohane, 2005, p. 12). Assim, quando o hegemon declinar, o sistema internacional poderá estabelecer ou manter regimes de cooperação pós-hegemônicos. Da mesma forma, Duncan Snidal conclui que "não há razão para esperar que o declínio do poder hegemônico leve ao colapso da ordem econômica" (Snidal, 1985, p. 612). Ele argumenta que as grandes potências do sistema buscarão uma ação coletiva para manter a cooperação, desde que tenham benefícios mútuos para evitar o colapso do regime estabelecido. Dessa forma, a teoria ignora a possibilidade de outro paradigma para a cooperação internacional em vez de estar sob o controle de uma única potência mundial.

A HST também tem vários problemas para explicar o papel do hegemon na desestabilização da segurança de outras nações e seu envolvimento em conflitos armados maciços em todo o mundo, onde se alega que é para o bem da estabilidade internacional. Mesmo que haja um estado desafiador do poder do hegemon, isso não pode levar à perturbação de todo o sistema. Além disso, a guerra e as soluções armadas não são os meios para resolver esses desafios. Trata-se apenas de um ato de uso excessivo de poder. Portanto, ele ignora o papel do hegemon na exploração do sistema usando seus enormes poderes materiais ao estabelecer um regime internacional que seja favorável aos seus próprios interesses para garantir sua supremacia no sistema internacional.

Gramsci e a teoria da hegemonia

A perspectiva neogramsciana foi desenvolvida por Robert Cox quando ele introduziu o trabalho do proeminente teórico político Antonio Gramsci, *Prison*

Notebooks (1929-1935), no campo das Relações Internacionais, criando assim a escola gramsciana de RI. O trabalho de Cox baseou-se no conceito gramsciano de hegemonia na análise da ordem mundial e das relações internacionais. O conceito gramsciano de hegemonia transcende a noção apresentada pelos defensores da teoria da estabilidade hegemônica. Embora o foco da abordagem realista esteja em uma dimensão de atuação, o Estado, o conceito neogramsciano de hegemonia vai além dessa perspectiva limitada. Sua análise não se limita ao domínio de um Estado sobre outros Estados, mas inclui as forças sociais, econômicas, culturais e políticas dominantes em todos os Estados do sistema internacional ao descrever a hegemonia (Morton, 2007, p. 87).

Para Cox, a hegemonia é "descritível como uma estrutura social, uma estrutura econômica e uma estrutura política; e não pode ser simplesmente uma dessas coisas, mas deve ser todas as três" (Cox, 1983, pp. 171-172). A hegemonia, portanto, é uma ordem de uma classe dominante que controla os modos de produção dentro da economia mundial, em que essa ordem ultrapassa as fronteiras dos Estados e domina outras classes subordinadas de diferentes países. Embora a centralidade do Estado aqui também seja compartilhada com a abordagem realista, no entanto, a abordagem neogramsciana transcende a unidade de análise além do Estado para incluir as relações de classe (Cox, 1981, p. 127). Aqui, os Estados desempenham apenas um papel intermediário entre as forças sociais dominantes em cada Estado. A abordagem neogramsciana também ampliou o domínio da hegemonia para incluir outras dimensões de domínio além das oferecidas pela teoria da estabilidade hegemônica, que se concentra apenas nas capacidades econômicas e militares do Estado como meio de manter sua ordem hegemônica por meio do uso de incentivos, sanções e coerção (Cox, 1981, p. 127, 139; Morton, 2007, p. 113).

O neogramscianismo está preocupado em analisar o "papel da ideologia no desenvolvimento e na manutenção da posição dominante das classes dominantes e na expansão do capital" (Morton, 2007, pp. 87-88). A hegemonia é considerada como uma rede de classes sociais dominantes, econômica e politicamente, de diferentes países, e não apenas de um único Estado. Gramsci chama a unidade da classe social dominante de "bloco histórico". Um bloco histórico, argumenta Gramsci, só existe quando a classe social hegemônica é a classe dominante em um país ou formação social (Cox, 1983, p. 168). Como força social, política e econômica dominante, ela tenta criar e manter uma ordem hegemônica própria não apenas por meio da violência e da coerção política e econômica, mas também por meio de instituições interestaduais que são governadas pela ideologia da classe dominante (Cox, 1981, pp. 141-143). Ela legitima sua influência e dominação por meio da propagação de uma cultura comum, ou uma cultura hegemônica, em que os valores da classe dominante se tornam os valores de "senso comum" para todos (Cox, 1983, p. 168). Ela cria instituições para disseminar suas ideias com o uso de suas relações sociais que ultrapassam as fronteiras do Estado a fim de estabilizar e manter a ordem hegemônica com o uso mínimo da força (Cox, 1981, pp. 136-137; Cox, 1983, p. 164; Morton, 2007, p. 115).

Dessa forma, o hegemon ganha sua legitimidade por meio do estabelecimento de consentimento, em vez de coerção, entre as forças sociais dominantes, bem como entre as classes subordinadas, para sua ordem hegemônica. Assim, a ordem hegemônica baseia-se no "consentimento" dos governados, no qual todas as estruturas sociais identificam seus interesses com os da classe dominante, levando à sustentabilidade da ordem hegemônica estabelecida (Cox, 1983, p. 169).

Dessa forma, a abordagem neogramsciana da hegemonia apresenta uma análise mais ampla do que a abordagem hegemônica realista. Ela oferece uma compreensão mais profunda dos vínculos e da conexão entre a ordem dominante e as relações sociais dentro do sistema internacional, ao contrário do conceito unidimensional simples da hegemonia realista. Ao se concentrar nas capacidades econômicas, militares, culturais e políticas das forças sociais dominantes, os interesses por trás das decisões políticas e econômicas se tornam mais claros para a compreensão das relações internacionais, em vez de se concentrar apenas na análise em nível de estado e em suas capacidades materiais. Portanto, o ato benevolente da hegemonia, conforme alegado pelos realistas, pode ser exposto ao explicar os interesses das forças sociais dominantes e sua natureza exploradora do sistema internacional.

De acordo com o debate teórico sobre hegemonia discutido anteriormente, esta pesquisa tenta analisar criticamente a política externa dos EUA no Oriente Médio. Com base nos argumentos aqui apresentados, o papel hegemônico dos Estados Unidos será primeiramente apresentado a partir da perspectiva realista, pois ela dominou a maior parte da literatura que enfocou a política externa dos EUA para justificar seu papel. Também é importante demonstrar o comportamento realista dos atores políticos dos EUA na elaboração da política externa do país. Para superar o domínio da tradição realista, o foco posterior será examinar e avaliar os objetivos e as políticas dos EUA no Oriente Médio com base na análise neogramsciana da hegemonia, conforme demonstrado neste capítulo. No entanto, o próximo capítulo apresentará um contexto histórico da ascensão do poder hegemônico dos EUA, além de tentar teorizar sua hegemonia com base nas teorias discutidas aqui. Em seguida, apresenta brevemente a relação histórica entre os EUA e o Oriente Médio.

Capítulo 2: Contexto histórico

Historicização e teorização do poder dos EUA

Como a Segunda Guerra Mundial resultou em destruição maciça na Europa e na Rússia, os Estados Unidos foram a única grande potência do mundo a sair intacta. Naquela época, os EUA possuíam uma "preponderância de recursos materiais" maior do que qualquer outro país, com mais de cinquenta por cento da riqueza mundial e uma posição de segurança notável. Consequentemente, tornaram-se o novo hegemon mundial, substituindo a hegemonia britânica após seu declínio nas primeiras décadas do século XX (Dodge, 2008, p. 215). Embora a União Soviética (URSS) tenha surgido como uma potência rival dos Estados Unidos durante a era da Guerra Fria, ela era apenas um colosso militar com uma economia debilitada devido aos custos de invasão e ocupação durante a Segunda Guerra Mundial (Underhill, 2006, pp. 103-104).

A posição sem precedentes dos Estados Unidos deu às suas elites políticas e econômicas a capacidade de organizar a ordem internacional do pós-guerra favorável aos seus interesses, não por meio da força, mas por meio de uma retórica nobre útil para fins de propaganda (Ikenberry, 1989, p. 380; Gill, 1988, p. 5; Chomsky, 1991, p. 16). Os Estados Unidos usaram sua posição dominante para influenciar a ordem econômica do sistema internacional, em grande parte de acordo com os termos dos EUA, implementando as regras de uma ordem econômica internacional liberal (Gilpin, 1981, p. 145; Gill, 1988, p. 6). Dessa forma, a política externa dos EUA enfatizou suas normas e valores do liberalismo democrático; essa estratégia ideológica ficou particularmente evidente a partir do governo Truman.

Independentemente dos debates sobre o declínio do poder dos Estados Unidos que surgiram durante a década de 1960, conforme debatido pela teoria realista da estabilidade hegemônica (Keohane, 1984, p. 15; Kennedy, 1987, p. 432), os Estados Unidos conseguiram manter grande parte de seu poder material e influência ideológica, o que lhes permitiu dominar e moldar o sistema econômico e político global (Strange, 1987, p. 554; Gill, 1988, p. 7). De fato, após o fim da Guerra Fria, a competição militar e ideológica terminou, deixando os interesses hegemônicos dos Estados Unidos incontestáveis, e os Estados Unidos emergiram como hegemonia inquestionável. Assim, os Estados Unidos procuraram manter seu domínio em um futuro previsível, estabelecendo a nova ordem mundial (Chang, 2011, p. 6). Ainda hoje, os Estados Unidos continuam sendo o país mais poderoso, com um poder econômico maior do que o das próximas quatro maiores economias juntas, ou seja, China, Japão, Alemanha e França (The World Bank, 2013). Com relação ao poder militar, os Estados Unidos ainda são o Estado mais dominante do mundo. Ele possui um arsenal militar maior e mais avançado tecnologicamente do que o de todas as outras nações juntas. Tem o maior orçamento de defesa do mundo, com um gasto total maior do que o dos próximos dez principais países juntos (Stockholm International Peace Research Institute, 2013, pp. 2-3).

No entanto, quando se trata da avaliação do poder dos EUA, há uma discordância entre a HST e as perspectivas teóricas neogramscianas, cada uma apresentando sua própria definição de como os EUA usaram seu poder. Por um lado, a HST apresenta a hegemonia dos Estados Unidos como uma ordem mutuamente benéfica, pois seu principal objetivo é definir as regras do sistema internacional para garantir e manter sua estabilidade para que todos se beneficiem e desfrutem da prosperidade de um sistema internacional econômico e político estável. Os defensores dessa abordagem enfatizam a ação benevolente da hegemonia dos EUA, na qual eles sacrificam seus próprios interesses em prol dos interesses do sistema internacional.

Por outro lado, a abordagem neogramsciana argumenta que a hegemonia dos EUA representa fundamentalmente a ordem das forças sociais, econômicas, políticas e culturais dominantes que controlam os modos de produção, onde essa ordem vai além das fronteiras dos Estados e sobre outras classes subordinadas dos diferentes países. As forças hegemônicas dentro dos Estados Unidos estavam cientes do extraordinário poder dos Estados Unidos após a Segunda Guerra Mundial e, portanto, procuraram desenvolver e manter sua posição dominante por meio do consentimento, e não da coerção. Esse consentimento foi criado por meio do uso da ideologia pelas elites e pelo estabelecimento de valores culturais, normas, percepções, ideias e crenças a fim de justificar e legitimar principalmente a regra dominante. Isso ficou evidente nas administrações norte-americanas seguintes, com a ênfase colocada no tema constante do destino e da missão especiais dos EUA como defensores da segurança e da estabilidade da ordem mundial. Nesse sentido, a ideologia foi promovida como o "senso comum" que beneficia perpetuamente todas as classes sociais, em vez de beneficiar os grupos sociais hegemônicos exploradores. Dessa forma, o neogramsciano indica que a hegemonia dos Estados Unidos é, na verdade, a ordem hegemônica da classe social capitalista nos Estados Unidos e em outros países. Ela desenvolve e mantém sua posição por meio do uso da ideologia criada para direcionar a política dos EUA em favor de seus próprios interesses.

Considerando o exposto, o objetivo desta pesquisa é analisar o papel da ideologia criada pelas forças governantes nos Estados Unidos para manter sua posição dominante e garantir seus próprios interesses, principalmente no Oriente Médio. A abordagem neogramsciana oferece percepções poderosas e uma análise aprofundada da motivação da classe governante dos EUA e de seu comportamento que as abordagens teóricas tradicionais, como a HST, não oferecem.

Os EUA e o Oriente Médio

O foco no Oriente Médio se deve à importância dessa região para os Estados Unidos desde o final da Segunda Guerra Mundial e até hoje. Historicamente, a interação inicial dos Estados Unidos com o Oriente Médio remonta ao ano de 1914, o início da Primeira Guerra Mundial. Com a derrota do Império Otomano, os Estados Unidos desenvolveram interesses na região e se envolveram nas negociações pós-guerra sobre o destino político das províncias árabes do Império Otomano. Consequentemente, interveio para limitar as ambições imperialistas dos franceses e dos britânicos (Lesch & Haas, 2013, p. 16; Dodge, 2008, p. 215). No entanto, os Estados Unidos voltaram à sua posição isolacionista e quase se desligaram dos assuntos internacionais durante o período entre guerras, de 1918 a 1939, e mantiveram um relacionamento mínimo com o Oriente Médio (Gelvin, 2012, p. 16).

Os Estados Unidos passaram a ter um interesse vital no Oriente Médio durante a década de 1940, especialmente após a Segunda Guerra Mundial, e mantiveram seu envolvimento desde então. Para os Estados Unidos, a região do Oriente Médio é, usando as palavras do presidente americano Dwight D. Eisenhower (1953-1961), a "área estrategicamente mais importante do mundo" (Chomsky, 1997, p. 190). O crescente interesse dos Estados Unidos no Oriente Médio foi, e ainda é, baseado na proteção da tríade do petróleo, de Israel e da estabilidade da localização geoestratégica da região (Dodge, 2008, pp. 216-217). O interesse dos EUA no petróleo do Oriente Médio cresceu substancialmente durante a Segunda Guerra Mundial com a crescente demanda de consumo de petróleo para alimentar as potências industriais, mudando assim a natureza do equilíbrio de poder (Dodge, 2008, p. 216; Northrup, 2003, p. 214). Portanto, era importante para os Estados Unidos garantir seu acesso ao petróleo a fim de manter sua posição de superpotência mundial. Quanto a Israel, o relacionamento especial começou em 1947, quando os EUA e o governo Truman apoiaram a criação do novo Estado de Israel, devido à influência e à pressão do lobby israelense dentro dos Estados Unidos. Desde então, a segurança de Israel, o único país não muçulmano da região, tornou-se um fator importante na política externa dos Estados Unidos no Oriente Médio, sendo Israel o maior beneficiário anual da ajuda e assistência dos EUA desde a Segunda Guerra Mundial. Esse "relacionamento especial" baseia-se em objetivos estratégicos mútuos no Oriente Médio, onde os EUA consideram Israel um país forte e confiável na região (Mark, 2001, p. 35; Gilboa, 2009, p. 53).

Capítulo 3: Ideologia e a política externa dos EUA no Oriente Médio

Introdução

Diferentemente da abordagem realista tradicional da estabilidade hegemônica, a função da ideologia é fundamental na análise neogramsciana da hegemonia. De fato, conforme argumenta a teoria neogramsciana, a função da ideologia é essencial para entender como os formuladores de política externa justificam suas decisões. Isso é particularmente evidente no caso do hegemon, que busca promover e garantir os interesses da classe dominante usando uma estrutura ideológica que legitima o desenvolvimento e a manutenção de sua ordem hegemônica. (Cox, 1981, pp. 141-143; Cox, 1983, p. 168; Augelli & Murphy, 1988, p. 58). Por esse motivo, este capítulo pretende oferecer uma análise aprofundada das relações dos EUA com o Oriente Médio, enfocando a maneira pela qual os EUA usaram uma ideologia hegemônica como forma de justificar sua política externa nessa área. Mais importante ainda, devido à ênfase que dá ao papel da ideologia, a abordagem neogramsciana permitirá uma perspectiva mais crítica da inter-relação entre os interesses da classe dominante dos EUA e a maneira como os EUA expressam sua política externa.

Conforme explicado no capítulo anterior, o Oriente Médio é uma área de especial importância para as políticas hegemônicas dos EUA. Para usar as palavras do ex-presidente dos EUA Dwight D. Eisenhower (19531961), a região do Oriente Médio representa a "área estrategicamente mais importante do mundo" (Chomsky, 1997, p. 190). A importância que o Oriente Médio tem para os EUA pode ser explicada principalmente por três fatores. Em primeiro lugar, porque o Oriente Médio é rico em recursos petrolíferos; em segundo lugar, para garantir a proteção de Israel; e, em terceiro lugar, devido à importante localização geoestratégica da região. Portanto, o argumento deste capítulo será que, embora os EUA afirmem que moldam suas políticas externas na região aderindo à ideologia de hegemonia benigna, essa ideologia é, na verdade, um meio de buscar seus interesses relacionados aos três interesses mencionados acima.

Para determinar como a ideologia dos EUA é expressa politicamente, serão examinadas as várias doutrinas presidenciais dos EUA em relação ao Oriente Médio. Em um nível, isso permitirá uma melhor compreensão do que é essa ideologia. Além disso, mostrará como as ideias que sustentam essa ideologia hegemônica têm sido relativamente consistentes desde o fim da Segunda Guerra Mundial e a ascensão dos EUA como hegemonia. Essa consistência, no entanto, não significa automaticamente que as justificativas usadas pelas forças sociais dominantes para garantir seus interesses sejam sempre as mesmas. Ela apenas denota como essas justificativas sempre se baseiam na noção de que os EUA sempre agem para proteger os interesses comuns do sistema internacional como um todo. No primeiro estudo de caso apresentado a seguir, será mostrado como, durante a Guerra Fria, a ideologia hegemônica dos EUA foi usada para promover uma justificativa de política externa baseada em uma paranoia anticomunista. No segundo estudo de caso, será argumentado que, após o fim da Guerra Fria, essa retórica anticomunista tornou-se essencialmente obsoleta, forçando assim uma mudança na justificativa (mas não na ideologia) para a promoção da democracia no Oriente Médio. Por fim, o terceiro estudo de caso investigará uma justificativa mais recente, a "Guerra ao Terror", que foi usada após os eventos de 11/9.

Ideologia e a política externa dos EUA

A política externa dos Estados Unidos foi, e ainda é, estabelecida de acordo com a ideologia política e econômica dos EUA. Muitos presidentes dos Estados Unidos desenvolveram uma doutrina, cada um durante sua própria presidência, caracterizando as principais metas, objetivos, problemas sérios e ameaças do ponto de vista do presidente, em que suas políticas são apresentadas como as questões externas mais importantes enfrentadas pelos interesses nacionais dos Estados Unidos e, assim, legitimam suas políticas como "senso comum" (Dodge, 2008, p. 220). A doutrina, portanto, tem como objetivo influenciar as atitudes das classes governadas para moldar e justificar a política externa dos Estados Unidos, onde os governos precisam apenas apresentar um caso convincente para o povo a fim de obter o apoio necessário. Talvez a ideologia mais popular que os formuladores de política externa dos Estados Unidos quase sempre enfatizaram e promoveram seja a de que os Estados Unidos têm um destino e uma missão especiais. Essa crença popular pode ser rastreada até os tempos do Presidente dos EUA John Quincy Adams (1825-1829), o "fundador" da política externa dos EUA, que foi um dos primeiros defensores do destino dos EUA de expandir sua política para além de suas fronteiras, pois representava um exemplo de liberdade (Augelli & Murphy, 1988, pp. 59, 61).

Seguindo a mesma visão, o presidente dos Estados Unidos, Woodrow Wilson (19131921), dirigiu-se ao Congresso em 2 de abril de 1917, solicitando uma declaração de guerra, afirmando que

> O mundo deve se tornar seguro para a democracia. Sua paz deve ser plantada sobre os fundamentos testados da liberdade política. Não temos fins egoístas a servir. Não desejamos nenhuma conquista, nenhum domínio. Não buscamos indenizações para nós mesmos, nenhuma compensação material pelos sacrifícios que faremos livremente. Somos apenas um dos defensores dos direitos da humanidade. Ficaremos satisfeitos quando esses direitos forem tão seguros quanto a fé e a liberdade das nações puderem torná-los". (Wilson, 2005, p. 256).

Em seu discurso, Wilson enfatizou a crença no "destino" dos EUA para justificar o papel dos Estados Unidos nas relações exteriores. Ele posicionou os Estados Unidos como o líder abnegado e benevolente do mundo para tornar o mundo *"seguro para a democracia".* Consequentemente, a principal tendência da política externa oficial dos Estados Unidos tem sido influenciada e associada à missão dos EUA no mundo por meio dos valores wilsonianos das relações internacionais (Saull, 2008, p. 65). A política externa de Wilson estabeleceu uma nova tendência para o papel dos Estados Unidos no mundo, sombreando a crença popular do destino dos EUA, desde a Primeira Guerra Mundial, até seu crescimento como hegemon mundial após a Segunda Guerra Mundial e durante a Guerra Fria, até hoje. Nesse sentido, o tema central da política externa dos EUA tem sido tradicionalmente, e continua sendo, a ideologia do "americanismo", que, de acordo com Samuel P. Huntington, baseia-se nos princípios liberais de liberdade individual, propriedade e preferência pelo mercado (Dumbrell , 1997, p. 4; Augelli & Murphy, 1988, p. 60). Na verdade, muitos estudiosos e acadêmicos apoiam a ideologia econômica e política dos EUA e defendem a missão dos EUA de estender seus valores a outras nações, acreditando que isso trará benefícios para o mundo (Augelli & Murphy, 1988, p. 60). Para eles, os Estados Unidos são como a nova Atenas e a nova Roma, ou, como Seymour Martin Lipset chama, "a primeira nova nação", detentora da civilização, da democratização e do liberalismo. É "uma hegemonia global cujas notas de graça são o livre mercado, os direitos humanos e a democracia". (Lipset, 2003, p. 15; Augelli & Murphy, 1988, p. 68; Ignatieff, 2003; Ferguson, 2004, p. 170).

O anticomunismo e a política externa dos EUA no Oriente Médio durante a Guerra Fria (1947-1991)

Como os Estados Unidos viam o Oriente Médio como a "área estrategicamente mais importante do mundo" para os interesses dos Estados Unidos, eles desempenharam um papel significativo na região durante a Guerra Fria, na qual dominaram sua política externa (Chomsky, 1997, p. 190). Em 12 de março de 1947, em um discurso perante uma sessão conjunta do Congresso, o presidente dos EUA Harry S. Truman (1945-1953) apresentou a "Doutrina Truman", que define sua estratégia para se opor à disseminação do comunismo e à influência soviética. Na Doutrina, Truman declarou que os Estados Unidos forneceriam assistência política, militar e econômica à Grécia e à Turquia para apoiá-las em sua luta contra qualquer ameaça das forças autoritárias soviéticas (Ikenberry, 1996, p. 81). Ele justificou sua política argumentando que a disseminação e a influência comunista na Grécia e na Turquia prejudicariam a estabilidade política do Oriente Médio. Portanto, ele alegou que os Estados Unidos eram obrigados a apoiar a causa da liberdade e os povos livres em suas lutas contra os regimes totalitários, porque a disseminação do autoritarismo coagiria os povos livres e minaria os fundamentos da paz internacional e, portanto, a segurança dos Estados Unidos (Ikenberry, 1996, p. 81). A Doutrina Truman, portanto, definiu a política oficial dos Estados Unidos durante esse período, em que estabeleceu o papel dos Estados Unidos como, indiscutivelmente, o "líder do mundo livre" como justificativa para sua interferência e domínio nos países do Oriente Médio.

A mesma estratégia também foi adotada por quase todos os presidentes dos EUA na época da Guerra Fria. Depois de Truman, o presidente Dwight D. Eisenhower (1953-1961) definiu sua política externa em um discurso que fez em janeiro de 1957 ao Congresso sobre a situação no Oriente Médio (Hahn, 2006, p. 38). Na "Doutrina Eisenhower", Eisenhower enfatizou o compromisso e a responsabilidade dos Estados Unidos de garantir a segurança e a estabilidade do Oriente Médio e a independência política de suas nações, dizendo aos membros do Congresso que a doutrina era importante "para a paz do mundo". (Hahn, 2006, p. 40). Sob a Doutrina Eisenhower, os Estados Unidos, mais uma vez, ofereceram ajuda econômica e militar a qualquer país que buscasse assistência contra a disseminação do comunismo na região (Dodge, 2008, p. 220). A Doutrina, que foi usada durante a Crise do Canal de Suez de 1956, tinha como objetivo se opor ao aumento da hostilidade árabe em relação ao Ocidente e à crescente influência soviética no Egito e na Síria. Portanto, Eisenhower insistiu que os Estados Unidos deveriam preencher o vácuo de poder no Oriente Médio antes que os soviéticos pudessem intervir para preencher o vazio, onde ele pretendia fortalecer os laços entre o Ocidente e os árabes com assistência econômica e militar para garantir seu domínio sobre a região (Hahn, 2006, pp. 39-41).

Uma interpretação da HST do papel dos Estados Unidos no Oriente Médio durante a Guerra Fria argumentaria que esse papel estava totalmente alinhado com a ideia do hegemon de manter a estabilidade do sistema internacional e apoiar os valores democrático-liberais (Dodge, 2008, p. 222). Como a União Soviética foi o único grande desafiante dos Estados Unidos que restou após a guerra, quando procurou disseminar o comunismo em oposição aos valores capitalistas, democráticos e liberais dos EUA, os Estados Unidos tiveram de definir sua política externa como anticomunista (Augelli & Murphy, 1988, p. 69). Portanto, as doutrinas presidenciais subsequentes expressaram uma ideologia política dos EUA de paranoia anticomunista. Isso, por sua vez, moldou e influenciou a política externa dos Estados Unidos no Oriente Médio e em outras regiões importantes para os Estados Unidos (Dodge, 2008, p. 220). Além disso, os Estados Unidos conseguiram desenvolver aliados dentro dos países do Oriente Médio para apoiar sua luta contra a União Soviética, garantindo sua presença na região e assegurando seus interesses.

Entretanto, ao contrário da HST, a análise neogramsciana da política externa dos EUA no Oriente Médio durante a Guerra Fria sugere um entendimento diferente do papel hegemônico dos EUA. Como explica Michael Cox, o principal objetivo da política externa dos EUA durante a Guerra Fria foi "criar um ambiente no qual o capitalismo democrático possa florescer em um mundo no qual os EUA ainda permaneçam como o ator dominante" e, assim, garantir seus próprios interesses (Dumbrell , 1997, p. 5). A ideologia do liberalismo democrático dos EUA, empregada na política externa dos EUA, foi usada apenas para criar consenso entre os americanos e o regime internacional, porque admitir a motivação de interesse próprio por trás de suas políticas e o uso de recursos governamentais para alcançá-las nunca teria sido aceito (Augelli & Murphy, 1988, p. 82; Dodge, 2008, p. 220). Em vista do exposto, o principal papel da ideologia implementada nas diferentes doutrinas presidenciais foi justificar e legitimar as condutas de sua política externa, que, por sua vez, serviu aos interesses da classe social política e econômica dominante nos Estados Unidos e de seus aliados.

Nesse sentido, os principais interesses dos Estados Unidos no Oriente Médio não estavam realmente relacionados à estabilidade e à liberdade da região contra a agressão da União Soviética comunista, como alegavam as pessoas oficiais do governo dos EUA e os defensores de seu papel hegemônico. Em vez disso, os interesses dos EUA no Oriente Médio refletiam os interesses das forças hegemônicas dentro dos Estados Unidos, como as empresas petrolíferas, os grandes empresários, certos grupos políticos e lobistas influentes (Chomsky, 1997, p. 190). O objetivo desses grupos era controlar o que o chefe da Divisão de Assuntos do Oriente Próximo do Departamento de Estado dos EUA, Gordon Merriam, declarou em seu memorando de 1945 ao presidente Truman: "uma fonte estupenda de poder estratégico e um dos grandes prêmios materiais da história mundial", "provavelmente o prêmio econômico mais rico do mundo no campo do investimento estrangeiro". (Departamento de Estado dos EUA, 1945, p. 45).

Os principais interesses podem ser resumidos em: em primeiro lugar, a busca das empresas petrolíferas dos EUA pelo acesso e controle das maiores reservas comprovadas de petróleo do mundo, principalmente na península árabe. Em segundo lugar, o apoio e a segurança do recém-fundado Estado de Israel em 1948, devido à influência e à pressão do lobby israelense dentro dos Estados Unidos. Em terceiro lugar, a importância da localização geoestratégica de a região, que sempre foi estrategicamente vital para os impérios históricos e as potências dominantes do mundo que tinham ambições de hegemonia global (Chomsky, 1997, p. 190; Chomsky, 2006, p. 55; Mearsheimer & Walt, 2008, p. 7; Halabi, 2009, p. 29; Dodge, 2008, pp. 216-217; Khalidi, 2004, p. 75).

O envolvimento das empresas petrolíferas dos EUA nos países ricos em petróleo do Oriente Médio começou antes da Segunda Guerra Mundial, com as principais empresas petrolíferas como Exxon, Mobile, Standard Oil of California, Chevron e Texaco (Halabi, 2009, p. 29; Mirza, 2007, p. 367). No entanto, os interesses dos EUA no Oriente Médio cresceram substancialmente após a Segunda Guerra Mundial, quando reconheceram o valor econômico de longo prazo dos recursos petrolíferos da região, especialmente depois que a participação dos Estados Unidos na produção mundial de petróleo diminuiu devido a novas descobertas no Oriente Médio, que tinha a maior parte das reservas mundiais de petróleo

(Krasner, 1978, p. 189). A importância do petróleo para os Estados Unidos foi derivada das novas demandas por petróleo desde a Segunda Guerra Mundial. O consumo de petróleo aumentou drasticamente à medida que muitas fábricas industriais e invenções foram convertidas de carvão para energia a óleo, enquanto as forças armadas dos EUA se tornaram altamente dependentes do petróleo (Dodge, 2008, p. 216; Northrup, 2003, p. 214). É óbvio, portanto, que na era pós-1945, os Estados Unidos precisavam de acesso aos recursos petrolíferos para preservar a vantagem industrial e militar que já possuíam. Em segundo lugar, os Estados Unidos perceberam que o petróleo do Oriente Médio poderia servir à recuperação europeia pós-guerra como fonte de petróleo para a reconstrução de seus novos aliados na Europa Ocidental e no Japão (Mirza, 2007, p. 367).

Essa necessidade de garantir o acesso aos recursos petrolíferos, no entanto, não se tratava apenas de interesse nacional, mas também refletia os interesses econômicos das empresas petrolíferas privadas dos EUA. Como argumentam Dobson e Marsh, a maior parte do petróleo do Oriente Médio era produzida por empresas petrolíferas dos EUA ou cobiçada por elas (Dobson e Marsh, 2006, p. 118). Isso mostra como era importante para as forças sociais dominantes manter e ampliar suas reivindicações sobre os recursos petrolíferos do Oriente Médio. Por sua vez, essas reivindicações moldaram o objetivo nacional dos EUA de preservar sua supremacia na produção de petróleo, impedindo que os soviéticos aumentassem sua influência na área. Nesse sentido, grande parte da retórica anticomunista empregada nesse período foi, na verdade, sustentada pela necessidade de controlar os recursos petrolíferos e evitar sofrer imensas perdas econômicas, em vez de um sentimento altruísta de proteger o Oriente Médio da agressão comunista.

Outro grande interesse da política externa dos Estados Unidos no Oriente Médio é a segurança de Israel, o único país não muçulmano da região. O atual "relacionamento especial" EUA-Israel começou assim que o Estado de Israel foi criado em 1948. Os Estados Unidos, sob o comando de Truman, apoiaram o estabelecimento de uma pátria judaica na Palestina e foram um dos primeiros países a reconhecer Israel imediatamente após sua declaração de estabelecimento do que ficou conhecido como o "Estado de Israel" (Mearsheimer & Walt, 2008, p. 24; Knaap, 1980, p. 17). A decisão de Truman de apoiar a causa sionista deveu-se em grande parte à pressão política interna de poderosos grupos de pressão sionistas, bem como de eleitores judeus e pró-israelenses (Ahmad, 2010, p. 43; Knaap, 1980, p. 17). Em 1956, Truman escreveu em suas Memórias que

> A Casa Branca também foi submetida a um bombardeio constante. Acho que nunca sofri tanta pressão e propaganda dirigidas à Casa Branca como nesse caso. A persistência de alguns líderes sionistas radicais - movidos por motivos políticos e envolvidos em ameaças políticas - me perturbou e irritou" (Truman citado em Ahmad, 2010, p. 39).

Na verdade, John Mearshimer e Stephen Walt argumentam que o apoio econômico e militar maciço e inquestionável dos EUA a Israel foi, na verdade, contrário aos interesses nacionais dos EUA. A pressão para manter esse relacionamento com Israel foi impulsionada pelo lobby israelense, um dos grupos de interesse mais poderosos dos Estados Unidos, que consiste em indivíduos e organizações pró-israelenses que trabalham ativamente para orientar a política externa dos EUA em uma direção pró-israelense (Mearsheimer & Walt, 2008, pp. 5-6). O apoio maciço dos Estados Unidos a Israel, na verdade, aqueceu o conflito árabe-israelense ao alimentar o poder israelense contra os palestinos. Assim, os interesses dos EUA no Oriente Médio estavam novamente relacionados a questões internas e aos interesses dos grupos dominantes, em vez de um papel benigno dos Estados Unidos para a estabilidade e a segurança do sistema internacional e da região.

Quanto à localização do Oriente Médio, a região sempre foi estrategicamente vital para os impérios históricos e as potências dominantes do mundo que tinham ambições de hegemonia global. A importância geoestratégica do Oriente Médio, além de sua vasta riqueza e recursos naturais, deve-se à sua centralidade geográfica na rede de comércio internacional que conecta três continentes: Ásia, Europa e África, e serve como uma linha de defesa contra a União Soviética ao norte (Khalidi, 2004, p. 77). Ela está situada em uma posição estratégica global que apresenta muitas oportunidades dinâmicas de comércio e investimento. Portanto, a política externa dos Estados Unidos buscou promover e garantir os interesses comerciais dos EUA na região, assegurando o acesso aos ricos recursos da região (Augelli & Murphy, 1988, p. 67). O Oriente Médio era crucial para que os Estados Unidos negassem aos concorrentes, especialmente aos soviéticos, o acesso fácil, dando às empresas norte-americanas a vantagem dos melhores negócios e dos altos lucros. Além disso, conter a influência soviética no Oriente Médio era uma das questões mais importantes para os Estados Unidos, em que a região servia como zona de amortecimento contra a Europa e os Estados Unidos.

John C. Campbell, ex-funcionário do Departamento de Estado, afirma em seu estudo *Defense of the Middle East (1958)* que

> O entrincheiramento do poder soviético nessa região estratégica traria uma mudança decisiva no equilíbrio mundial, ultrapassando a OTAN. O controle soviético do petróleo do Oriente Médio poderia desestabilizar a economia do mundo livre. E o triunfo do comunismo no coração do mundo islâmico poderia ser o prelúdio de seu triunfo na Ásia, na África e na Europa". (Campbell citado em Hudson, 2013, p. 323).

Portanto, era importante para os Estados Unidos garantir seu domínio sobre a região contra a ameaça à segurança e até mesmo à sobrevivência dos EUA diante do desafio soviético, tanto econômica quanto militarmente, a fim de manter seu domínio como hegemonia mundial.

Em resumo, a política externa dos EUA durante a era da Guerra Fria foi fortemente construída com base na missão dos EUA de derrotar as forças malignas dos comunistas e disseminar os valores democrático-liberais dos EUA em todo o mundo para o bem de toda a humanidade. Essa guerra ideológica foi amplamente utilizada para obter apoio nacional e doméstico para o papel dos EUA no mundo em geral, e nas regiões em que estavam mais envolvidos. Portanto, ela deu aos formuladores de política externa dos Estados Unidos a legitimidade para agir, conforme alegado, em benefício dos interesses nacionais de seus cidadãos e da estabilidade internacional, criando assim o senso comum necessário para o domínio justificado do hegemon. No entanto, conforme discutido anteriormente, a retórica da Guerra Fria e a cruzada anticomunista visavam principalmente à preservação do domínio ideológico e econômico dos Estados Unidos no mundo, o que serve aos motivos das principais potências, principalmente aos objetivos da classe dominante.

Promovendo a democracia e a política externa dos EUA no Oriente Médio na era pós-Guerra Fria

O fim da Guerra Fria trouxe consigo o fim dos grandes desafios aos interesses hegemônicos dos EUA por parte do bloco soviético e de seus apoiadores no mundo, onde os Estados Unidos emergiram como hegemon inquestionável. Consequentemente, com o fim da guerra ideológica, muitos teóricos e escritores, como Huntington, Fukuyama, Friedman e outros defensores da ideologia econômica e política dos EUA, argumentaram que a ideologia e os valores dos EUA, como direitos humanos, democracia liberal e economia capitalista de livre mercado, haviam se tornado o único jogo restante na cidade (Simpkins & Paknejad, 2010, p. 90). Por exemplo, o cientista político estadunidense Francis Fukuyama afirma que a luta entre as ideologias terminou em grande parte após o fim da Guerra Fria, com o mundo se conformando com a democracia liberal. Em seu livro *The End of History and the Last Man* (1992), Fukuyama vai além e argumenta que a democracia liberal ocidental pode ser a forma final de governo humano, pois marca o fim da "evolução ideológica da humanidade" (Fukuyama, 1992, p. 66).

Além disso, o jornalista e escritor norte-americano Thomas Friedman celebra o triunfo da ideologia liberal-democrática do Ocidente em seu livro *The Lexus and the Olive Tree* (1999), no qual ele exorta outros países a adotarem as políticas liberais dos EUA, nas quais eles se beneficiarão dessa ordem econômica global, desde que cumpram seus termos, uma situação que ele chamou de "camisa de força dourada" (Friedman, 2000, pp. 204-205). De fato, ele argumenta que, ao adotar a ideologia liberal-democrática, os países hesitarão em entrar em conflitos armados entre si. Isso é o que ele chama de "Teoria dos Arcos Dourados da Prevenção de Conflitos", ou "Teoria da Paz Democrática", em que ele afirma que "Nenhum país que tivesse McDonald's teria travado uma guerra contra o outro desde que cada um deles tivesse seu McDonald's" (Friedman, 2000, p. 248). De acordo com essa teoria, os países com McDonald's, que representam a adoção das políticas liberais dos EUA, como Egito, Jordânia, Líbano, Arábia Saudita e Israel, não tiveram nenhuma guerra desde que abriram um McDonald's, enquanto a Síria, o Irã e o Iraque, que são considerados uma ameaça de guerra na região, com Israel em particular, não têm McDonald's. Assim, a ideologia liberal e democrática dos EUA é apresentada como os únicos valores políticos "corretos", o senso comum, e, portanto, todos os países devem inevitavelmente seguir esse sistema específico de governo.

De fato, como a única superpotência após a Guerra Fria, sem nenhuma potência desafiadora às suas ambições de domínio global, os Estados Unidos buscaram expandir seu envolvimento nos assuntos internacionais. Usando as mesmas técnicas da Guerra Fria, os formuladores de políticas dos Estados Unidos continuaram a empregar ideologia, valores e crenças em sua política externa como justificativa para o comportamento hegemônico dos EUA. No entanto, desta vez, isso se manifestou de forma diferente de acordo com a situação que os EUA estão enfrentando. O anticomunismo que moldou o pós-Segunda Guerra Mundial para justificar o envolvimento dos EUA nos assuntos internacionais tomou uma forma diferente. Ou seja, os formuladores da política externa dos EUA, usando a mesma lógica do destino e da missão especiais dos EUA, agora transformaram a missão do anticomunismo para a promoção da democracia. Após a Guerra Fria, a política dos EUA para o Oriente Médio foi enquadrada na missão de promover a democracia. Na década de 1990, tanto o Presidente George H. W. Bush (1989-1993) quanto o Presidente Bill Clinton (1993-2001) afirmaram a promoção da democracia como uma meta fundamental da política externa dos EUA após a Guerra Fria (Carothers, 1999, p. 3). A missão dos EUA de promover a democracia está associada à sua missão civilizatória como justificativa para os objetivos intervencionistas da política externa dos EUA.

Consequentemente, o primeiro grande desafio da política externa dos EUA no Oriente Médio no final da Guerra Fria veio do Iraque com a invasão do Kuwait e, assim, ele se tornou o principal alvo da política externa dos EUA no Oriente Médio (Fukuyama, 1992, p. 46; Sick, 1999, p. 277). A invasão iraquiana do Kuwait em 1990 por Saddam Hussein é um exemplo perfeito da política externa dos EUA pós-Guerra Fria no Oriente Médio com sua nova, mas tradicionalmente antiga, missão no mundo. Como consequência da invasão, George H. W. Bush introduziu sua visão de uma "nova ordem mundial" em seu discurso apresentado em uma sessão conjunta do Congresso dos EUA em 11 de setembro de 1990, para justificar e buscar o apoio do envolvimento dos EUA na Guerra Iraque-Kuwait, ou Primeira Guerra do Iraque (1990-1991), e a continuação do papel hegemônico dos Estados Unidos na era pós-Guerra Fria (Chang, 2011, p. 6). Em seu discurso, Bush definiu quatro objetivos de sua política, afirmando que

> Nossos objetivos no Golfo Pérsico são claros, nossas metas são definidas e conhecidas: o Iraque deve se retirar do Kuwait completamente, imediatamente e sem condições. O governo legítimo do Kuwait deve ser restaurado. A segurança e a estabilidade do Golfo Pérsico devem ser garantidas. E os cidadãos americanos no exterior devem ser protegidos". (Bush, 1990).

Em seguida, ele revelou sua visão da "nova ordem mundial" como um quinto objetivo de longo prazo:

> Destes tempos conturbados, nosso quinto objetivo - uma nova ordem mundial - pode emergir: uma nova era - mais livre da ameaça do terror, mais forte na busca da justiça e mais segura na busca da paz. Uma era em que as nações do mundo, do Leste e do Oeste, do Norte e do Sul, possam prosperar e viver em harmonia. Cem gerações buscaram esse

> caminho indescritível para a paz, enquanto mil guerras se alastravam por toda a extensão do esforço humano. Hoje, esse novo mundo está lutando para nascer, um mundo bem diferente daquele que conhecemos. Um mundo em que o Estado de Direito suplanta o Estado da Selva. Um mundo no qual as nações reconhecem a responsabilidade compartilhada pela liberdade e pela justiça. Um mundo em que os fortes respeitem os direitos dos fracos" (Bush, 1990).

Da mesma forma, a política externa dos EUA na era pós-Guerra Fria é uma extensão da mesma tradição. A nova ordem mundial de Bush também se baseia na ideologia do "destino especial" dos EUA e em seu compromisso de defender os valores civilizados de liberdade e justiça em todo o mundo e proteger os fracos contra qualquer ato ultrajante e brutal de agressão, tudo pela causa da paz (Chang, 2011, p. 7). Os Estados Unidos criaram a mitologia de seu papel na guerra como sendo apenas a tentativa de resgatar um Estado indefeso de um vizinho agressivo e de proteger a região como um todo de um "tirano hitleriano", sendo que os Estados Unidos não buscaram nada em troca (Davis, 1993, p. 252). Embora ainda usem a mesma lógica da Guerra Fria para justificar sua política e seu comportamento, os EUA apenas mudaram seu alvo dos malvados comunistas para os ditadores agressores, portanto, a missão agora é promover a democracia.

A Primeira Guerra do Iraque (1990-1991) proporcionou uma oportunidade ideal para os EUA desenvolverem sua ordem e política preferidas com menos ações potenciais contra os Estados Unidos após a queda da União Soviética. Portanto, foi o momento ideal para introduzir e implementar a nova ordem mundial dos EUA, que tem como objetivo principal, não como Bush alegou, mas o avanço da hegemonia global dos EUA, bem como a proteção e a expansão dos interesses da classe dominante nos Estados Unidos e em outros países, incluindo agora os interesses da Rússia e dos antigos países comunistas que obedeceriam às regras dos EUA (Miller & Yetiv, 2001, pp. 57-58). Portanto, pelo que parece, a política externa dos EUA foi apresentada como uma luta por um ideal mais elevado ou pelo bem de toda a humanidade, o que foi necessário para obter apoio e, portanto, menos questionamento de suas ações. No entanto, para conhecer as verdadeiras motivações e objetivos por trás da política externa dos EUA, é preciso levar em consideração uma análise mais profunda.

Analisando a política externa dos EUA, muitas contradições estão envolvidas na aplicação de suas políticas. A missão de promover a democracia não é um objetivo genuíno, como afirmam os formuladores de políticas dos Estados Unidos. Thomas Carothers, diretor do Carnegie Endowment Program on Law and Democracy, indica como os Estados Unidos promovem a democracia somente quando ela parece se encaixar bem em seus interesses; entretanto, quando a democracia entra em conflito com outros interesses importantes, os formuladores de política externa simplesmente a ignoram (Chomsky, 2005). Na verdade, os Estados Unidos apoiariam um regime forte e não democrático, que fosse amigável aos EUA e não desafiasse seus interesses, do que um governo democraticamente eleito com as prioridades "erradas", que fosse tolerante com as pressões populares para a mudança de suas políticas econômicas e políticas para atender às necessidades domésticas em vez de atender aos interesses das elites do sistema internacional, em especial dos Estados Unidos. Em algum momento, a missão democrática dos Estados Unidos é de fato iniciada quando o regime ditatorial se opõe a seus interesses e ameaça seu domínio (Chomsky, 1991, p. 17).

Por exemplo, em 1953, a CIA dos Estados Unidos, juntamente com o MI 6 do Reino Unido, organizou um golpe de Estado para derrubar o primeiro-ministro democraticamente eleito do Irã, Mohammad Mosaddegh (1951-1953), depois que ele nacionalizou a indústria petrolífera do país, e depois restaurou o Xá Mohammad Reza Pahlavi (1941-1979) como seu fantoche (Davies, 2010, pp. 26-27; Parsa, 1989, p. 45). O Xá, que atendia aos interesses imperialistas ocidentais enquanto governava o Irã como um monarca absoluto que dependia fortemente do apoio dos Estados Unidos, foi posteriormente derrubado durante a Revolução Iraniana de 1979. O Xá foi substituído pelo aiatolá Ruhollah Khomeini, o líder da revolução, que estabeleceu uma república islâmica no Irã (Parsa, 1989, p. 191; Yetiv, 1995, p. 28). No entanto, a remoção do ditador iraniano não era do interesse dos EUA, pois o Xá promoveu políticas pró-ocidentais, concedendo às corporações petrolíferas dos Estados Unidos grande acesso ao petróleo do Irã, além de permitir que os EUA mantivessem sua missão militar no Irã como uma linha de defesa contra os soviéticos (Parsa, 1989, p. 44). Como resultado, os Estados Unidos tentaram derrubar o Irã e deter a revolução de Khomeini durante o período caótico da pós-revolução, armando e financiando Saddam Hussein, ditador vizinho do Irã, mas aliado dos EUA, contra os iranianos durante a Guerra Iraque-Irã (1980-1988) (Yetiv, 1995, p. 73). No entanto, os EUA continuaram apoiando Saddam Hussein, mesmo sabendo que ele usava armas químicas contra os iranianos e também contra os curdos nas áreas do norte do Iraque, que foram fornecidas pelos Estados Unidos e pela Europa Ocidental para ajudar o Iraque a derrotar o Irã. Apesar disso, as relações diplomáticas amistosas entre os EUA e Saddam continuaram, porque derrubar o Irã era mais importante para os EUA do que os direitos humanos, e ainda é, assim como o medo do Ocidente de que seu regime fosse substituído por um governo islâmico radical, como o do Irã, e assim ameaçasse seu acesso ao petróleo iraquiano (Tarock, 1998, p. 11; Davis, 1993, p. 256; Lansford, 2011, p. 5).

Na guerra Iraque-Kuwait, as negociações dos EUA com Saddam demonstram a duplicidade dos EUA em sua política externa. Em determinado momento, enquanto os EUA enfatizavam demais sua missão de proteger a estabilidade da região e a liberdade de seu povo contra os atos de agressão de Saddam, os Estados Unidos ignoraram propositalmente o fato de terem apoiado esse ditador de estilo hitlerista por muitos anos e o fato de que aqueles que os Estados Unidos estão realmente protegendo, ou seja, a Arábia Saudita e o Kuwait, são, na verdade, regimes autoritários repressivos. Dessa forma, a missão dos EUA de disseminar a democracia na região é facilmente refutada pelo apoio maciço dos EUA ao regime de Saddam durante a guerra contra o Irã, bem como seu apoio às monarquias vizinhas do Iraque, pois são aliados econômicos dos Estados Unidos e ambos estão totalmente integrados às políticas capitalistas do Ocidente. Portanto, a política externa dos EUA ignora deliberadamente o autoritarismo desses regimes e se mantém fora de qualquer discurso de disseminação da democracia. Além disso, a decisão dos EUA de abandonar seu apoio a Saddam e declarar uma cruzada moral contra ele, que agora, aos olhos dos americanos, é um ditador brutal como Hitler, não foi em nome da promoção da democracia, como alegado por Bush em sua doutrina da "nova ordem mundial". Ao contrário dessas afirmações, a intervenção dos Estados Unidos na guerra Iraque-Kuwait envolveu um conjunto de motivos e objetivos ocultos (Davis, 1993, p. 252; Zizek, 2004, pp. 22-23).

As ramificações da invasão de Saddam ao Kuwait foram uma grande preocupação para os EUA, pois ameaçavam o maior produtor de petróleo, a vizinha Arábia Saudita. Assim, a política externa dos EUA não incluía mais a proteção e o apoio ao governo ditatorial de Saddam, pois ele representava uma ameaça aos interesses dos EUA (Davis, 1993, p. 255). Portanto, as principais motivações estavam amplamente envolvidas nos interesses dos Estados Unidos para manter Washington, Wall Street e seus aliados no comando da fixação dos preços do petróleo e maior acesso às reservas de petróleo na Arábia Saudita, no Kuwait e no Iraque. O objetivo também é expandir seu poder econômico e seus interesses, pois nessa região há várias oportunidades de expansão de mercados, bem como de obtenção das matérias-primas necessárias aos interesses industriais dos EUA. Além disso, o objetivo era proteger as relações dos EUA com os países ricos em petróleo do Golfo, que têm muitas relações de investimento e interesses econômicos. Em geral, o objetivo da intervenção de Bush no Iraque e de sua nova ordem mundial era projetar o poder dos EUA e afirmar a hegemonia global dos EUA como o executor do mundo; o mundo agora está funcionando sob as regras da *Pax Americana,* protegendo assim seus interesses e os de seus aliados, independentemente de quão democráticos eles sejam (Chomsky, 1991; Davis, 1993, p. 252-259).

Dessa forma, a política externa dos EUA no Oriente Médio após o fim da Guerra

Fria era, à primeira vista, combater o autoritarismo e a agressão como uma extensão de sua missão de promover a democracia, enquanto, na verdade, suas políticas tinham falhas e contradições fundamentais, pois na verdade apoiavam regimes autoritários em vez de democráticos. Além disso, a política externa dos EUA tinha como objetivo projetar seu poder como a única superpotência do mundo após a Guerra Fria, a fim de manter e expandir o domínio da classe dominante nos Estados Unidos e seus interesses, juntamente com seus aliados na região.

Política externa dos EUA no Oriente Médio após o 11 de setembro e a "Guerra ao Terrorismo

Em 11 de setembro de 2001, os Estados Unidos foram atingidos por uma série de ataques terroristas do grupo de extremistas islâmicos al-Qaeda. Embora esses ataques não tenham mudado a ideologia subjacente da política externa dos EUA, que foi moldada pela percepção dos EUA como defensores da liberdade, da paz e da segurança no mundo, eles mudaram o alvo dessa ideologia. Dessa vez, o inimigo visado não eram os comunistas malignos, nem os regimes autoritários, mas sim os extremistas terroristas islâmicos. A adesão a essa ideologia foi confirmada por George W. Bush em sua Estratégia de Segurança Nacional (NSS) apresentada ao congresso dos EUA após os ataques de 11 de setembro, na qual ele invocou o papel da luta dos EUA pela civilização e seu compromisso com a defesa da liberdade e da justiça em todo o mundo para justificar e prosseguir com sua guerra contra o terrorismo, afirmando que

> De acordo com nossa herança e nossos princípios, não usamos nossa força para pressionar por vantagens unilaterais. Em vez disso, buscamos criar um equilíbrio de poder que favoreça a liberdade humana: condições em que todas as nações e todas as sociedades possam escolher por si mesmas as recompensas e os desafios da liberdade política e econômica. Ao tornar o mundo mais seguro, permitimos que as pessoas do mundo melhorem suas próprias vidas. Defenderemos essa paz justa contra as ameaças de terroristas e tiranos. Preservaremos a paz construindo boas relações entre as grandes potências. Estenderemos a paz incentivando sociedades livres e abertas em todos os

continentes". (Bush, 2001, p. 3)

Dessa forma, a ideologia da política externa dos EUA pós-11 de setembro se manifestou como uma guerra contra o terrorismo. Na Doutrina Bush, a política externa dos EUA foi direcionada para atingir países que abrigavam ou ajudavam grupos terroristas. Na prática, essa postura da política externa dos EUA foi materializada principalmente em duas ações militares. Primeiro, em 2001, os Estados Unidos iniciaram uma campanha militar no Afeganistão visando Osama bin Laden e os líderes da al-Qaeda que operavam no país, bem como para remover o regime fundamentalista islâmico, o Talibã, do poder (Lansford, 2011, p. 17). Em segundo lugar, em 2003, os Estados Unidos invadiram o Iraque como parte da guerra global contra o terrorismo, cujo objetivo, conforme declarado pela política externa oficial dos EUA, era libertar o Iraque e defender a segurança e a paz da região. George W. Bush delineou o objetivo da missão como sendo "desarmar o Iraque de armas de destruição em massa, acabar com o apoio de Saddam Hussein ao terrorismo e libertar o povo iraquiano" (Kennedy-Shaffer, 2006, p. 72). Assim, tanto no Afeganistão quanto no Iraque, a política externa dos EUA usou o mesmo discurso ideológico para justificar suas operações militares, afirmando o destino especial e a missão dos EUA de tornar o mundo seguro para a democracia e proteger a liberdade do povo.

No entanto, a retórica da Doutrina Bush e a iniciativa dos EUA de combater o terrorismo não oferecem um relato exaustivo das motivações que sustentam as políticas de intervenção dos EUA. Elas representam apenas uma reprodução da ideologia convencional usada pelos EUA, dessa vez sob o pretexto de combater a rede de terror global, para justificar a utilização de recursos e meios fornecidos pelos cidadãos norte-americanos em uma tentativa da classe dominante de proteger seus próprios interesses materiais. Portanto, de maneira não tão idealizada, a Estratégia de Segurança Nacional dos EUA de 2001 afirma claramente que "Nossas forças serão fortes o suficiente para dissuadir adversários em potencial de buscar um aumento militar na esperança de superar ou igualar o poder dos Estados Unidos". (Bush, 2001, p. 33). Essa declaração é sugestiva de como a política externa dos EUA em relação à guerra contra o terror não foi totalmente encapsulada em termos idealizados, mas também foi definida por interesses hegemônicos e materiais.

A invasão do Iraque em 2003 é outro caso que pode reforçar a afirmação de que a política externa dos EUA é guiada por interesses materiais em vez de uma motivação altruísta para manter a paz e a segurança globais. A razão oficial dada pelos EUA em sua decisão de invadir o Iraque sustentava que a posse de armas de destruição em massa (WMD) por Saddam Hussein ameaçava a paz e a segurança internacionais (Kennedy-Shaffer, 2006, p. 72). No entanto, essa decisão contradiz o comportamento dos EUA na década de 1980, quando, apesar de estarem claramente cientes do extenso programa de ADMs do Iraque e do uso de armas químicas contra iranianos e curdos iraquianos, não só não optaram por intervir, como também apoiaram as políticas do regime de Saddam Hussein (Lansford, 2011, pp. 4-5).

Outro motivo alegado que foi usado para justificar a decisão dos EUA de invadir o Iraque foi que essa ação visava proteger a vida do povo iraquiano e libertá-lo da agressão de Saddam. Como foi racionalizado pelo governo Bush, se eles conseguissem derrubar Saddam, com base no fato de que ele tinha vínculos com a Al-Qaeda, isso levaria à diminuição do terrorismo no Iraque e, consequentemente, resultaria em um ambiente mais seguro para os iraquianos (Hirst, 2013, p. 112). Ironicamente, a intervenção militar dos EUA teve o efeito oposto. De fato, a invasão e a ocupação dos EUA causaram catástrofe humanitária, caos, destruição e divisão entre o povo iraquiano. Embora o governo dos EUA tenha se recusado a admitir quantos iraquianos comuns foram mortos desde a invasão, afirmando que "Não fazemos contagem de corpos", o número total de mortes violentas no Iraque entre janeiro de 2004 e dezembro de 2009 chegou a 109.000 pessoas, de acordo com o banco de dados vazado de relatórios de campo iraquianos publicados pelo Wikileaks em outubro de 2010. Dessas, impressionantes 66.081, dois terços do total, eram civis, e 23.984 mortes foram classificadas como inimigas (Carlstrom, 2010). Como explica Cook, essa guerra produziu "sofrimento em uma escala maior do que a experimentada até mesmo sob o próprio Saddam". (Cook, 2008, p. 6).

Além disso, a intervenção dos EUA aumentou o terrorismo no Iraque, e a Al-Qaeda ganhou uma base mais sólida não apenas no Iraque, mas também em todo o mundo. De fato, Richard Clarke, ex-assessor de Clinton e Bush para assuntos de terrorismo, argumentou que a presença de tropas dos EUA no Iraque, na verdade, aumentou a insurgência, pois os terroristas estão mais motivados pela presença e ocupação dos EUA (Davis, 2008, p. 143). Dessa forma, a missão dos EUA de libertar o Iraque e combater o terrorismo no país resultou, na verdade, no sofrimento do povo iraquiano, já que o país também se tornou um refúgio para os terroristas como resultado da ocupação.

Um dos motivos para a guerra dos EUA contra o terrorismo e para a invasão do Iraque está basicamente relacionado ao objetivo dos EUA de manter seu domínio na região por meio do estabelecimento de uma presença militar permanente dos EUA no centro dos principais recursos energéticos do mundo (Chomsky, 2007, p. 85). Em termos geoestratégicos, a presença militar dos EUA no Iraque isolaria tanto o Irã quanto a Síria, já que ambos representam hostilidade e ameaça a Israel e aos interesses dos Estados Unidos, garantindo assim a segurança de seus aliados.

Além das falsas justificativas para a invasão do Iraque, conforme alegado pela política externa dos EUA, vários outros objetivos sustentaram a lógica da invasão. As verdadeiras motivações estavam relacionadas principalmente ao desejo dos EUA de garantir seu domínio hegemônico e seus interesses fundamentais na região, o que garante aos EUA o controle de uma das maiores reservas de petróleo do mundo e a presença militar para a segurança de seus aliados, principalmente Israel.

Um dos principais fatores da Guerra do Iraque foi o desejo dos EUA de dominar os contratos de petróleo na era pós-Saddam. De acordo com o documento "Foreign Suitors for Iraqi Oilfield Contracts", produzido pela força-tarefa de energia do vice-presidente Dick Cheney em março de 2001, o regime de Saddam Hussein concedeu contratos de exploração de petróleo a muitas nações, incluindo a China e a Rússia, os rivais econômicos dos EUA, enquanto excluía as empresas petrolíferas dos Estados Unidos e do Reino Unido (Clark, 2005, pp. 61-62). Outro motivo para a guerra dos EUA contra o regime de Saddam foi a decisão de Saddam de trocar a moeda de exportação de petróleo do Iraque do dólar americano para o euro no final de 2000 (Clark, 2005, p. 116). As ramificações dessa decisão ameaçariam a hegemonia do dólar americano se outros países produtores de petróleo decidissem adotar o petro-euro, especialmente com o aumento do poder do euro em relação ao dólar americano, o que poderia criar um sério desafio à supremacia financeira dos EUA. Na verdade, países como Rússia, Irã, Indonésia e até mesmo a Venezuela consideraram mudar para a política do petro-euro apenas alguns meses antes da guerra do Iraque (Clark, 2005, p. 32). Portanto, não foi uma surpresa o apoio acalorado dos EUA ao lançamento de uma guerra contra o Iraque, com o objetivo de controlar e obter vantagem sobre as reservas de petróleo do Iraque. A guerra também trazia uma mensagem oculta para qualquer país produtor de petróleo que estivesse pensando em desafiar a supremacia dos EUA e decidisse mudar para o euro. Se isso acontecer, eles poderão ser o próximo alvo dos EUA na chamada "guerra contra o terrorismo".

As observações acima mostram que há motivos importantes para duvidar da sinceridade das justificativas oficiais usadas para legitimar a política externa dos EUA em relação à sua abordagem ao Iraque. Não só a liderança dos EUA não conseguiu comprovar suas alegações sobre a existência de um programa de ADM, como também não fez nenhuma tentativa óbvia de proteger os direitos humanos do povo iraquiano. Muito pelo contrário, o envolvimento das forças militares dos EUA na área exacerbou a situação, causando mortes de civis e provocando um movimento mais forte de oposição à hegemonia dos EUA. Visto dessa forma, a interpretação neo gramsciana do motivo da invasão do Iraque parece mais plausível; a invasão do Iraque pelos EUA foi, em princípio, uma tentativa de proteger os grupos dominantes dentro dos Estados Unidos. Essa racionalização das políticas externas dos EUA, entretanto, não teria conseguido criar o apoio necessário das classes dominadas. Por esse motivo, os EUA empregaram seu método usual de apelar para uma ideologia que os apresentasse como uma força benigna cuja intervenção é uma ação necessária para a estabilidade do sistema internacional.

Uma justificativa baseada no interesse material dos grupos dominantes dentro dos Estados Unidos não teria sido uma razão convincente para legitimar a política externa dos EUA em relação à sua abordagem ao Iraque. Em vez disso, a liderança dos EUA optou por uma justificativa que estava mais em sintonia com a ideologia geral dos EUA como defensor mundial dos direitos humanos e da segurança internacional. Não teria sido fácil convencer as massas de que a guerra do Iraque se baseava no desejo dos grupos dominantes dos EUA de adquirir acesso exclusivo ao petróleo iraquiano para obter seus próprios lucros. Portanto, o emprego da ideologia dos EUA para criar a ameaça do terrorismo e enquadrá-la como uma prioridade dos EUA foi para justificar as condutas do governo dos EUA, em um esforço para buscar seus interesses hegemônicos na região.

Conclusão

Esta dissertação argumentou que a análise neogramsciana oferece uma melhor compreensão do papel dos EUA no Oriente Médio do que a abordagem da HST. A HST apresenta o hegemon, nesse caso os EUA, como uma força benevolente que age em benefício do sistema político internacional, muitas vezes às custas de seus próprios interesses. Com base na análise desta dissertação, foi demonstrado que o comportamento dos EUA no Oriente Médio não reflete o papel alegado pelos proponentes da HST, principalmente em dois aspectos.

Primeiro, a hegemonia dos EUA não tem sido uma força benevolente que age em benefício do sistema global. Isso foi observado, por exemplo, no caso do Iraque em 2003, quando a intervenção dos EUA não só não cumpriu seus objetivos de proteger a população iraquiana, como também exacerbou a situação, causando uma enorme quantidade de mortes de civis que poderiam ter sido evitadas. Em segundo lugar, embora a HST afirme que o hegemon agiria contra seus próprios interesses, o comportamento dos EUA no Oriente Médio sugere o contrário. Em todos os três casos estudados acima, foi demonstrado que as políticas dos EUA no Oriente Médio têm sido consistentemente orientadas por três interesses principais da classe dominante dos EUA, a saber, os interesses das corporações de petróleo na região, a garantia da proteção de Israel e a manutenção do domínio dos EUA na área geoestratégica importante do Oriente Médio. A importância desses interesses pode ser vista na maneira pela qual os EUA frequentemente desconsideram sua própria visão ideológica para proteger esses interesses. Isso ficou evidente na maneira pela qual os Estados Unidos optaram por apoiar regimes autoritários como o Xá no Irã durante a década de 1950 e o regime de Saddam Hussein contra o Irã na década de 1980, embora esse apoio fosse claramente contrário à sua alegada missão de democratização. Isso pode sugerir que os EUA não estavam dispostos a sacrificar os interesses materiais de sua classe dominante em prol da manutenção de sua benevolência ideológica.

Com base nas observações acima, é óbvio que a HST não consegue oferecer uma representação precisa dos objetivos determinantes da política externa dos EUA no Oriente Médio. Por outro lado, a abordagem neogramsciana oferece uma compreensão mais aprofundada não apenas de como os EUA promovem sua imagem hegemônica, mas também de como suas políticas hegemônicas são moldadas pelos interesses das forças sociais dominantes. Isso é algo que a HST não consegue fazer.

De acordo com o neogramscianismo, o poder dos EUA *precisa* aparecer como um hegemon benigno porque isso lhe permite criar um consenso entre o sistema internacional. O neogramscianismo usa o termo "bloco histórico" para descrever esse processo de propagação da cultura do hegemon para se tornar os valores de "senso comum" para a classe governada (Cox, 1983, p. 168). Esse bloco histórico é alcançado por meio do uso de uma ideologia hegemônica que legitima as ações dos EUA, apresentando-as como benéficas para o sistema global. Portanto, embora os motivos determinantes do comportamento dos EUA, conforme argumentado nesta dissertação, sejam principalmente os interesses da classe dominante nos EUA, seria errado subestimar o papel da ideologia. Muito pelo contrário, a ideologia alcançou um papel significativo na legitimação e facilitação das políticas exploratórias dos EUA, como visto no caso do Oriente Médio.

Podemos identificar a importância da ideologia na formação de consenso por meio de suas várias manifestações ao longo da trajetória histórica dos EUA como hegemonia. Essas manifestações geralmente são apresentadas como uma tentativa de proteger a ordem global de uma séria ameaça à sua estabilidade. Por exemplo, durante a Guerra Fria, os valores comunistas da URSS foram apresentados como uma ameaça à ordem liberal que os EUA buscavam promover e, portanto, a ideologia hegemônica dos EUA se manifestou como paranoia anticomunista. Da mesma forma, após o colapso da União Soviética, os Estados Unidos empregaram sua visão ideológica para criar uma nova ordem mundial, que se manifestou inicialmente como uma missão de democratização e, após os eventos de 11 de setembro, como uma "Guerra ao Terror".

Portanto, o neogramscianismo, ao contrário da HST, é capaz de levar seriamente em consideração tanto a retórica ideológica do hegemon quanto seus interesses materiais subjacentes, oferecendo, assim, uma explicação melhor para a natureza de Janus do hegemon . Nesse contexto, o hegemon só pode ser visto como benevolente quando o bloco histórico está em vigor. No entanto, o caráter explorador das forças hegemônicas pode ser descoberto se nossa análise não se limitar ao discurso oficial que se origina desse bloco histórico. Portanto, não é difícil entender como a abordagem neogramsciana estende seu escopo analítico para além da HST, compreendendo como o poder hegemônico dos EUA no Oriente Médio é necessariamente justificado pela visão ideológica de um hegemon benigno, mas essencialmente impulsionado por seus interesses exploratórios.

Bibliografia

Ahmad, M., 2010. Introduction (Introdução). Em: M. Ahmad, ed. *Promised Land? A Perspective on Palestinian- Israeli Conflict [Terra Prometida?: Uma Perspectiva sobre o Conflito Palestino-Israelense].* Bloomington: AuthorHouse, pp. 1-54.

Augelli, E. & Murphy, C., 1988. Ideology and American Foreign Policy (Ideologia e política externa americana). Em: E. Augelli & C. Murphy, eds. *America's Quest for Supremacy and the Third World: A Gramscian Analysis.* Londres: Pinter Publishers, pp. 58-74.

Augelli, E. & Murphy, C., 1988. O caso da assistência externa. Em: E. Augelli & C. Murphy, eds. *America's Quest for Supremacy and the Third World: A Gramscian Analysis.* Londres: Pinter Publishers, pp. 75-96.

Bush, G. H. W., 1990. *Address Before a Joint Session of the Congress on the Persian Gulf Crisis and the Federal Budget Deficit (Discurso perante uma sessão conjunta do Congresso sobre a crise do Golfo Pérsico e o déficit orçamentário federal).* [Online] Disponível em:

http://bushlibrary.tamu.edu/research/publicpapers.php?id=2217&year=1990&month=9 [Acessado em 5 de setembro de 2013].

Bush, G. W., 2001. *The National Security of the United States of America,* Washington, D.C.: The White House.

Cafruny, A. W., 1990. A Gramscian Concept of Declining Hegemony: Stages of US Power and the Evolution of International Economic Relations". Em: D. P. Rapkin, ed. *World Leadership and Hegemony [Liderança Mundial e Hegemonia].* Londres: Lynne Rienner Publishers, Inc., pp. 97-118.

Carlstrom, G., 2010. *WikiLeaks libera arquivo secreto do Iraque: Al Jazeera acessa 400.000 documentos militares secretos dos EUA, que revelam a história interna da guerra do Iraque.* [Online] Disponível em:

http://www.aljazeera.com/secretiraqfiles/2010/10/2010102 217631317837.html [Acessado em 4 de setembro de 2013].

Carothers, T., 1999. *Aiding Democracy Abroad: The Learning Curve.* Washington D.C.: Carnegie Endowment for International Peace.

Chang, C.-H., 2011. Debates sobre política externa ética após a Guerra Fria . Em: C. Chang, ed. *Ethical Foreign Policy? US Humanitarian Interventions.* Surrey: Ashgate, pp. 528.

Chomsky, N., 2006. Cold War: Fact and Fancy (Guerra Fria: Fato e fantasia). Em: N. Chomsky, ed. *Deterring Democracy.* Londres: Vintage Books, pp. 9-68.

Chomsky, N., 1991. After the Cold War: U. S. Foreign Policy in the Middle East. *Cultural Critique,* The Economies of War(19), pp. 14-31.

Chomsky , N., 2007. *Interventions (Intervenções).* São Francisco, CA: City Lights Books.

Chomsky, N., 1991. *Gulf War Pullout,* s.l.: Z Magazine.

Chomsky, N., 1997. *World Orders, Old and New [Ordens Mundiais, Antigas e Novas].* 2ª edição. Londres: Pluto Press.

Chomsky, N., 2005. *Promoting Democracy in Middle East [Promovendo a democracia no Oriente Médio].* [Online] Disponível em:

http://www.khaleejtimes.com/DisplayArticle.asp?xfile=data/opinion/2005/March/opinion March6.xml&section=opinion [Acessado em 4 de setembro de 2013].

Clark, W. R., 2005. *Petrodollar Warfare: Oil, Iraq and the Future of the Dollar.* Gabriola Island, BC: New Society Publishers.

Cook, J., 2008. *Israel and the clash of civilisations: Iraq, Iran and the plan to remake the Middle East (Iraque, Irã e o plano para refazer o Oriente Médio).* Londres: Pluto Press.

Cox, R. W., 1981. Social Forces, States and World Orders [Forças Sociais, Estados e Ordens Mundiais]: Beyond International Relations Theory. *Milênio: Journal of International Studies,* 10(2), pp. 126-155.

Cox, R. W., 1983. Gramsci, Hegemony and International Relations: An Essay in Method. *Milênio: Journal of International Studies,* 12(2), pp. 162-175.

Davies, N. J. S., 2010. *Blood on Our Hands: The American Invasion and Destruction of Iraq [A invasão e destruição americana do Iraque].* Ann Arbor: Nimble Books.

Davis, E., 1993. The Persian Gulf War: Myths and Realities [A Guerra do Golfo Pérsico: Mitos e Realidades]. Em: H. Amirahmadi, ed. *The United States and the Middle East: A Search for New Perspectives.* Albany, N.Y.: State University of New York Press, pp. 251-286.

Davis, T. A., 2008. *The Global War on Terror: 9/11, Iraq, and America's Crisis In the Middle East [A Guerra Global contra o Terror: 11 de setembro, Iraque e a crise americana no Oriente Médio].* Bloomington, IN: Xlibris Corporation.

Dobson, A. P. & Marsh, S., 2006. Os EUA, a África e o Oriente Médio, 1945-89. Em: A. P. Dobson & S. Marsh, orgs. *US Foreign Policy since 1945 [Política Externa dos EUA desde 1945].* 2ª ed. Nova York: Routledge, pp. 110-125.

Dodge, T., 2008. Política externa dos EUA no Oriente Médio. Em: M. Cox & D. Stokes, eds. *US Foreign Policy (Política Externa dos EUA).* Oxford: Oxford University Press, pp. 213-235.

Donnelly, J., 2000. *Realism and International Relations [Realismo e Relações Internacionais].* Cambridge: Cambridge University Press.

Donnelly, J., 2005. Realism (Realismo). Em: Scott Burchill et al, ed. *Theories of International Relations.* 3ª edição. Londres: Macmillian, pp. 29-54.

Dumbrell , J., 1997. The United States and international politics: ideology, theory and foreign policy (Os Estados Unidos e a política internacional: ideologia, teoria e política externa). Em: J. Dumbrell & D. M.

Barrett, eds. *The Making of US Foreign Policy [A construção da política externa dos EUA].* 2ª edição. Manchester: Manchester University Press, pp. 3-28.

Elman, C., 2007. Realismo. Em: Martin Griffinths, ed. *International Relations Theory for the Twenty-First Century: An Introduction.* Nova York: Routledge, pp. 11-20.

Ferguson, N., 2004. The Case for Liberal Empire (O caso do Império Liberal). Em: N. Ferguson, ed. *Colossus: The Price of America's Empire.* Londres: Allen Lane, pp. 169-199,327-331.

Friedman, T. L., 2000. *The Lexus and the Olive Tree [O Lexus e a Oliveira].* Londres: HarperCollins.

Fukuyama, F., 1992. *The End of History and the Last Man (O Fim da História e o Último Homem).* Londres: Penguin Books.

Gelvin, J., 2012. The Ironic Legacy of the King-Crane Commission (O legado irônico da Comissão King-Crane). Em: D. W. Lesch & M. L. Haas, eds. *The Middle East and the United States: History, Politics, and Ideologies.* Philadelphia: Westview Press, pp. 15-32.

Gilboa, E., 2009. The Public Dimension of US-Israel Relations (A dimensão pública das relações EUA-Israel): A Comparative Analysis. Em: *Us-Israeli Relations in a New Era: Issues and Challenges After 9/11 [Questões e desafios após o 11/9].* Londres: Routledge, pp. 53-75.

Gill, S., 1988. The Rise and Decline of Great Powers: The American Case. *Politics,* 8(2), pp. 3-9.

Gill, S. & Law, D., 1988. Economic Liberalism and Public Choice (Liberalismo Econômico e Escolha Pública). Em: S. Gill & D. Law, eds. *The Global Political Economy: Perspectives, Problems, and Policies.* Baltimore: Johns Hopkins University Press, pp. 41-53.

Gilpin, R., 1981. *War and Change in World Politics [Guerra e Mudança na Política*

Mundial]. Cambridge: Cambridge University Press.

Gilpin, R., 1987. The Dynamics of the International Political Economy (A dinâmica da economia política internacional). Em: R. Gilpin, ed. *The Political Economy of International Relations.* Nova Jersey: Princeton University Press, pp. 65-117.

Gilpin, R., 2001. O estudo da economia política internacional. Em: R. Gilpin, ed. *Global Political Economy: Understanding the International Economic Order.* Nova Jersey: Princeton University Press, pp. 77-102.

Hahn, P. L., 2006. Securing the Middle East: The Eisenhower Doctrine of 1957. *Presidential Studies Quarterly,* março, 36(1), pp. 38-47.

Hasenclever, A., Mayer, P. & Rittberger, V., 1997. Teorias baseadas no poder: hegemonia, conflitos distributivos e ganhos relativos. Em: A. Hasenclever, P. Mayer & V. Rittberger, eds. *Theories of International Regimes.* Cambridge: Cambridge University Press, pp. 83-135.

Hirst, A., 2013. *Leo Strauss, the Straussians & The Iraq War [Leo Strauss, os Straussianos e a Guerra do Iraque].* Nova York, NY: Routledge.

Hudson, M. C., 2013. The United States in the Middle East (Os Estados Unidos no Oriente Médio). Em: L. Fawcett, ed. *International Relations of the Middle East [Relações Internacionais do Oriente Médio].* Oxford: Oxford University Press, pp. 321-343.

Ignatieff, M., 2003. The Burden. *New York Times Magazine,* 5 de janeiro.

Ikenberry, G. J., 1989. Rethinking the Origins of American Hegemony" [Repensando as Origens da Hegemonia Americana]. *Political Science Quarterly,* 104(3), pp. 375-400.

Ikenberry, G. J., 1996. The Myth of Post-Cold War Chaos" [O Mito do Caos Pós-Guerra Fria]. *Foreign Affairs,* 75(3), pp. 79-91.

Jackson, R. & SOrensen, G., 2012. *Introdução às relações internacionais: Theories and Approaches [Introdução às relações internacionais: teorias e abordagens].* Oxford: Oxford University Press.

Kennedy, P., 1987. *The Rise and Fall of Great Powers [A Ascensão e Queda das Grandes Potências].* Nova York: Vintage Books.

Kennedy-Shaffer, A., 2006. *Denial and Deception: A Study of the Bush Administration's Rhetorical Case for Invading Iraq [Negação e Engano: Um Estudo do Caso Retórico do Governo Bush para Invadir o Iraque].* Boca Raton, FL: Universal Publishers.

Keohane, . R. O., 1984. *After Hegemony: Cooperation and Discord in the World Political Economy [Cooperação e Discórdia na Economia Política Mundial].* Nova Jersey: Princeton University Press.

Khalidi, R., 2004. The Middle East Geostrategy and Oil (A Geoestratégia do Oriente Médio e o Petróleo). Em: R. Khalidi, ed. *Resurrecting Empire: Western Footprints and America's Perilous Path in the Middle East.* Londres: I.B.Tauris, pp. 74-117.

Kindleberger, C. P., 1973. An Explanation of the 1929 Depression [Uma explicação para a depressão de 1929]. Em: C. P. Kindleberger, ed. *The World in Depression, 1929-1939, History of the World Economy in the Twentieth Century, Volume 4.* Califórnia: University of California Press, pp. 291-308.

Knaap, W., 1980. The United States and the Middle East: How Many Special Relations? Em: H. Shaked & I. Rabinovich, orgs. *The Middle East and the United States: Perceptions and Policies .* Londres: Transaction Books, pp. 11-27.

Krasner, S. D., 1978. *Defending the National Interest: Raw Materials Investments and U.S. Foreign Policy".* Nova Jersey: Princeton University Press.

Lansford, T., 2011. *9/11 and the Wars in Afghanistan and Iraq (11 de setembro e as guerras no Afeganistão e no Iraque): A Chronology and Reference Guide*

[Cronologia e guia de referência]. Santa Barbara, CA: ABC-CLIO.

Lesch , D. W. & Haas, M. L., 2013. *The Middle East and the United States: History, Politics, and Ideologies.* 5ª ed. Boulder: Westview Press.

Lipset, S. M., 2003. America as a New Nation: Establishing National Authority. Em: S. M. Lipset, ed. *First New Nation: The United States in Historical and Comparative Perspective [Os Estados Unidos em Perspectiva Histórica e Comparativa].* Nova Jersey: Transaction Publishers, pp. 15-60.

Mark, C. R., 2001. Israel: Assistência Externa dos EUA. Em: *The Middle East in Turmoil, Volume 1,* Huntington, NY: Nova, pp. 35-50.

Mearsheimer, J. J., 2002. Realism, the Real World, and the Academy [Realismo, o Mundo Real e a Academia]. Em: *Realism and Institutionalism in International Studies: Millennial Reflections on International Studies.* Ann Arbor: The University of Michigan Press, pp. 23-33.

Mearsheimer, J. J. & Walt, S. M., 2008. *The Israel Lobby and US Foreign Policy [O Lobby de Israel e a Política Externa dos EUA].* Mearsheimer, John J.; Walt , Stephen M.; ed., 2008. Londres: Penguin.

Miller, E. A. & Yetiv, S. A., 2001. The New World Order in Theory and Practice: The Bush Administration's Worldview in Transition". *Presidential Studies Quarterly,* março, 31(1), pp. 56-68.

Milner, H. V., 1998. International Political Economy: Beyond Hegemonic Stability" [Além da Estabilidade Hegemônica]. *Foreign Policy,* Spring, Issue 110, pp. 112123.

Mirza, R. M., 2007. The Rise of American Juggernaut: 1921-1950. Em: R. M. Mirza, ed. *The Rise and Fall of the American Empire: A Reinterpretation of History, Economics and Philosophy -1492-2006.* Oxford: Trafford Publishing, pp. 336-373.

Morton, A. D., 2007. A Return to Gramsci: The Moment of Hegemony (O momento da hegemonia). Em: A. D. Morton, ed. *Unravelling Gramsci: hegemony and passive revolution in the global political economy [Desvendando Gramsci: hegemonia e revolução passiva na economia política global].* Londres: Pluto, pp. 76108.

Morton, A. D., 2007. Hegemony and World Order: Neo-Gramscian Perspectives and the Global Political Economy". Em: A. D. Morton*, ed. Unravelling Gramsci: hegemony and passive revolution in the global political economy [Desvendando Gramsci: hegemonia e revolução passiva na economia política global].* Londres: Pluto, pp. 111-136.

Northrup, C. C., 2003. *The American Economy (A economia americana).* Santa Barbra: ABCCLIO Ltd.

Parsa, M., 1989. *Social Origins of the Iranian Revolution [Origens sociais da revolução iraniana].* Nova Jersey: Rutgers University Press.

Saull, R., 2008. Política externa americana durante a Guerra Fria. Em: M. Cox & D. Stokes, eds. *Política Externa dos EUA.* Oxford: Oxford University Press, pp. 63-87.

Sick, G., 1999. The United States in the Gulf: From Twin Pillars to Dual Containment (Dos dois pilares à contenção dupla). Em: D. W. Lesch, ed. *The Middle East and the United States: A Historical and Political Reassessment.* 2ª ed. Boulde: Westview Press, pp. 277-293.

Simpkins, R. A. & Paknejad, . S., 2010. Exploring the Family of Civilization (Explorando a Família da Civilização). Em: *The Cultures in the Cubicles [As culturas nos cubículos].* Bloomington: Xlibris Corporation, pp. 89-140.

Snidal, D., 1985. The Limits of Hegemonic Stability Theory [Os Limites da Teoria da Estabilidade Hegemônica]. *International Organization,* 39(4), pp. 579-614.

Instituto Internacional de Pesquisa para a Paz de Estocolmo, S., 2013. *Trends in*

World Military Expenditure [Tendências das despesas militares mundiais], 2012. [Online] Disponível em: http://books.sipri.org/product info?c product id=458# [Acessado em 1º de junho de 2013].

Strange, S., 1987. The Persistent Myth of Lost Hegemony" [O Mito Persistente da Hegemonia Perdida]. *International Organization,* 41(4), pp. 551-574.

Tarock, A., 1998. *The Superpowers' Involvement in the Iran-Iraq War [O Envolvimento das Superpotências na Guerra Irã-Iraque].* Nova York: Nova Science Publishers.

Underhill, G. R., 2006. Introduction: Global Issus in Historical Perspective. Em: R. Stubbs & G. R. Underhill, eds. *Political Economy and the Changing Global Order.* Oxford: Oxford University Press, pp. 103-117.

Departamento de Estado dos EUA, 1945. Draft Memorandum to President Truman [Projeto de Memorando para o Presidente Truman]. *Foreign Relations of the United States, Diplomatic Papers, The Near East and Africa,* Volume 8.

Webb, M. C. & Krasner, S. D., 1989. Hegemonic Stability Theory: An Empirical Assessment. *Review of International Studies,* 15(02), pp. 183-198.

Wilson, W., 2005. *Woodrow Wilson: The Essential Political Writings [Woodrow Wilson: Os escritos políticos essenciais].* Oxford: Lexington Books.

Banco Mundial, 2013. *World Development Indicators (Indicadores de desenvolvimento mundial).* [Online] Disponível em: http: //databank.worldbank.org/data/download/GDP.pdf [Acessado em 29 de maio de 2013].

Yetiv, S. A., 1995. *America and the Persian Gulf: The Third Party Dimension in World Politics.* West Port, CT: Greenwood Press.

Zizek, S., 2004. *Iraq: The Borrowed Kettle.* Londres: Verso.

MIX
Papier aus verantwortungsvollen Quellen
Paper from responsible sources
FSC® C105338

Printed by Books on Demand GmbH, Norderstedt / Germany